本书出版受北京市支持中央在京高校共建项目资助

实用汉语阅读教程

A Practical Chinese Reading Course

张美霞　吴霄岳　编著

中级（下）

北京语言大学出版社
BEIJING LANGUAGE AND CULTURE UNIVERSITY PRESS

图书在版编目（CIP）数据

实用汉语阅读教程 ：中级．下 / 张美霞，吴霄岳编著．-- 北京 ：北京语言大学出版社，2018.9（2025.10重印）

ISBN 978-7-5619-5245-0

I．①实… II．①张… ②吴… III．①汉语－阅读教学－对外汉语教学－教材 IV．① H195.4

中国版本图书馆 CIP 数据核字（2018）第 190237 号

实用汉语阅读教程：中级（下）

SHIYONG HANYU YUEDU JIAOCHENG: ZHONGJI (XIA)

项目策划：上官雪娜　　责任编辑：成蕾

封面设计：文星工作室　　责任印制：周燚

出版发行：北京语言大学出版社

社　址：北京市海淀区学院路 15 号，100083

网　址：www.blcup.com

电子信箱：service@blcup.com

电　话：编 辑 部　8610-82303392

发 行 部　8610-82303650/3591/3648（国内）

8610-82303365/3080/3668（海外）

读者服务部　8610-82303653

网购咨询　8610-82303908

印　刷：北京富资园科技发展有限公司

版　次：2018 年 9 月第 1 版　　印　次：2025 年 10 月第 6 次印刷

开　本：889 毫米 × 1194 毫米　1/16　　印　张：18.25

字　数：328 千字　　定　价：78.00 元

PRINTED IN CHINA

前 言

《实用汉语阅读教程：中级（下）》是专门为已经掌握 1200 ～ 2500 个词语的汉语学习者编写的阅读教材。通过本教材的学习，学习者可以达到汉语水平考试（HSK）五级所要求的阅读能力，并顺利向 HSK 六级过渡，还可以对中国当代社会生活的多个方面获得比较深入的了解。

一、教材特色

1. 选文以主题为线索，注重人文性

本教材选文以主题为线索，注重人文性，尤其关注那些具有中国特色的社会文化现象。全书共包括饮食、职业、名字、消费、婚恋、语言、升学、儿童、节日、动物、女性、外国人在中国等 12 个单元。

2. 文体类型多样化，全面提升汉语阅读能力

不同文体的语言风格不同，涉及的词汇和语言点不同，所需要的阅读能力也不尽相同。本教材有效克服了当前阅读教材文体单一的弊病，每个单元有四篇课文，涵盖议论文、记叙文、新闻报道和文言文等四类文体，多样化的文体类型可以全面提升学习者的阅读能力。

3. 课文长度与难度循序渐进，呈梯度化设置

本教材严格控制课文的长度与难度，从第 1 单元到第 12 单元循序渐进，由浅入深，由短到长，由易到难，实现了科学的梯度化设置。精读篇和泛读篇的课文长度从 500 字逐渐增至 800 字；读报篇从 300 字逐渐增至 600 字；文言篇从 20 字逐渐增至 40 字。

4. 注重词汇的深度理解和词汇量的扩充

学习者阅读能力的高低不仅取决于词汇量的大小，还与词语意义的理解深度有关。因此，帮助学习者扩大汉语词汇的“量”并加深对词语意义的“理解深度”是中级阶段阅读教学的重要任务。本教材从汉语词汇的特点出发，设计了丰富多彩的练习，来提升学习者的词汇水平。

5. 练习形式丰富，题量充足

本教材的练习包括读前准备、读后练习、单元练习、HSK 拓展训练等多个板块，各有不同的训练目的，练习形式丰富，题量充足。学习者可以通过丰富多样的练习，达到良好的学习效果。同时，充足的练习也最大限度地满足了课堂教学需要，减轻了教师的备课压力。

6. 专设 HSK 拓展训练，帮助学习者提高应试能力

通过 HSK 来检测汉语水平，不仅是广大汉语学习者自身的要求，更是求职或进入专业学习的必经之路。本教材设有 HSK 拓展训练板块，学习者可以通过循序渐进的专门训练，提高 HSK 阅读应试能力，实现从 HSK 五级向 HSK 六级的平稳过渡。

二、教材结构

本教材每单元包括精读篇、泛读篇、读报篇、文言篇、单元练习、HSK 拓展训练等六大板块。

1. 精读篇

由导读、读前准备、课文、生词、语言点、读后练习等六部分组成。精读篇的课文为议论文。导读、读前准备用来引入话题，调动学习者的认知图式；生词采用中文解释，培养学生用中文思维的词汇学习习惯；语言点首先进行用法说明，下配“完成句子”等产出性练习，以提高学生对课内语法点的理解和运用能力；读后练习包括六种题型，可以全面提升学生的阅读技能、词汇理解技能、归纳总结技能和观点陈述技能。

2. 泛读篇

由导读、读前准备、课文、生词、读后练习等五部分构成。泛读篇的课文为记叙文，内容与精读课文相匹配。生词仅注拼音，没有释义，旨在培养学生的词义猜测能力和跨越生词障碍能力。

3. 读报篇

由核心提示、课文、读后练习等三部分组成。为适应学生的汉语水平，所有文章均经过缩写和深度改写。

4. 文言篇

内容选自传统蒙学读物，内容相对浅显，目的在于提升学习者对书面语文本中的文言文的理解能力。

5. 单元练习

主要包括四种题型：“朗读词组和小句，注意词语的用法”旨在巩固本单元重要词语的意义和用法；“选字填空”用来巩固课文中出现的重要单音词；“选词填空”用来巩固课文中出现的重要双音词；“近义词填空”旨在训练学生对近义词语的理解、辨析和使用能力。

6. HSK 拓展训练

模拟 HSK 六级阅读考试的第一、第二、第三部分题型，包括“请选出有语病的一项”“选词填空”“选句填空”三类题型，帮助学生更好地熟悉和适应 HSK 六级阅读理解考试。

三、教学建议

本教材可供一个学期使用，教学进度为每周 1 个单元，每个单元的教学时长为 6 课时。为提高学生的阅读速度，培养学生良好的阅读习惯，建议采用课堂限时阅读的教学方式，具体的阅读时间和答题时间参见课文上方的阅读要求。教师可根据具体课时安排，灵活处理各板块内容，如文言文可选学，单元练习和 HSK 拓展训练可作为课后作业。

四、致谢

本教材的课文大多选自报刊网络或电视广播，为适应学习者汉语水平和教学需要，本书作者对原文均进行了不同程度的删减和改写。我们尽可能按照原发表单位信息注明了出处和作者，但有些文章几经转载，原作者的信息难以查证，在此我们表示歉意和感谢！

本教材的框架由张美霞设计，选文、改写、统稿由张美霞负责。第 1、2、3、4、5、7、8、11 单元由张美霞编写，第 6、9、10、12 单元由吴霄岳编写，教材出版前在北京语言大学汉语速成学院多次试用，试用期间得到了学院领导及任课教师的大力支持，在此表示衷心的感谢！

本教材的出版还应感谢北京语言大学出版社上官雪娜编辑的热情支持和成蕾编辑的辛勤工作，她们对教材提供了宝贵的意见，倾注了极大的热情，付出了辛苦的努力！

北京语言大学教务处为本教材提供了出版资助，我们由衷感谢学校的支持！

张美霞

2018 年 8 月

目录

第1单元

饮 食

精读篇

越来越重的口味

阅读要求：556 字，阅读时间 8 分钟，答题时间 15 分钟。

导 读

“民以食为天”，美味佳肴可以让我们大饱口福，心情愉快。“酸甜苦辣咸”，各地有各地的风味。有人认为，餐厅的菜变得越来越咸，越来越辣，越来越油腻，这是真的吗？

读前准备

1. 读出下面这些调味品，并说说它们的味道。

盐	糖	醋	咖喱
辣椒	花椒	芥末	番茄酱

2. 介绍一家你熟悉的餐馆，那里的招牌菜是什么？味道怎么样？

课 文

1 中国人的饮食讲究“色香味俱全”，其中，“味”是最重要的一项要求。而现在，人们的口味正变得越来越重，不断追求更咸、更辣的味道。你有没有觉得自己的口味发生了变化——无辣不欢，老感觉菜没味儿……

2 记者随机采访了十位在北京居住多年的外籍人士，他们均表达了对中餐口味过重的“恐惧”，“北京最流行的川菜、湘菜我们根本不敢吃，因为太咸太辣，其他的如东北菜和一些中式快餐，也是又咸又油腻”。另一位受访者则表示，在京居住的外籍人士能接受的中国菜只有粤菜，“味道清淡，食材新鲜，没放太多的调味品，能吃出食物本身的味道”。

3 到底是什么原因导致中国人的口味越来越重呢？

4 首先是在外就餐的次数增加了。三十年前，“下馆子”是节日才有的口福，但现在对许多人来说，只不过是家常便饭。而酒水的巨大利润让餐馆舍不得少放盐，有些餐馆老板甚至会要求厨师多放盐，好让顾客消费更多的酒水。

5　其次，味道不外乎酸甜苦辣咸，不管是哪种味道，吃多了都会腻，只能靠加重味道来解决。

6　再次，快节奏的生活使人们压力很大，而压力大带来的紧张感会使人的味觉变得迟钝，当我们吃不出味道时，自然会追求更加刺激的味道。

7　最后，调味品越来越丰富，有了这些调味品，即使厨艺不高，也能做出味道不错的食物，这也是人们口味加重的一个原因。

8　当然，中国人口味越来越重的根本原因还是“重口味、轻营养”的饮食习惯。

（改自《生命时报》）

生　词

1. 饮食	yǐnshí	（名）	吃的和喝的东西。◇注意～卫生
2. 项	xiàng	（量）	用于计量可以分项的事物。◇一～任务 | 一～比赛
3. 随机	suíjī	（形）	不设任何条件，随意的。◇～调查 | ～检验
4. 外籍	wàijí	（名）	外国国籍。◇～人士 | ～船只
5. 表达	biǎodá	（动）	把思想、感情表示出来。◇用语言～ | 无法～
6. 恐惧	kǒngjù	（形）	惊慌害怕。◇感到～ | 充满～
7. 受访者	shòufǎngzhě		接受采访的人。
8. 食材	shícái	（名）	做饭、做菜用的原材料。◇新鲜～ | 准备～
9. 调味品	tiáowèipǐn	（名）	加在食物中使味道可口的物品，如辣椒粉、番茄酱等。
10. 本身	běnshēn	（代）	指代人、事物自身。◇食物～的味道
11. 导致	dǎozhì	（动）	引起（不良结果）。◇～失败 | ～死亡
12. 就餐	jiùcān	（动）	到供应饭食的地方去吃饭。◇～时间 | ～地点
13. 巨大	jùdà	（形）	（规模、数量等）很大。◇～的成功 | 影响～
14. 利润	lìrùn	（名）	经营工商业等赚的钱。◇获得～ | 巨大的～
15. 消费	xiāofèi	（动）	消耗物质财富来满足生产或生活需要。◇降低～ | 高～

16. 节奏	jiézòu	（名）	音乐或诗歌中交替出现的有规律的强弱、长短的现象。◇～缓慢 | ～快
17. 味觉	wèijué	（名）	人的舌头对食物味道的感觉。◇～迟钝 | 失去～
18. 迟钝	chídùn	（形）	反应慢，不灵敏。◇反应～ | 大脑～
19. 刺激	cìjī	（动）	推动事物，使起积极的变化。◇～食欲 | ～国内需求
20. 厨艺	chúyì	（名）	做饭菜的技艺。◇高超的～ | 展示～
21. 营养	yíngyǎng	（名）	生物体维持生命所需要的养分。◇～丰富 | 吸收～

专有名词

1. 湘	Xiāng	湖南省简称
2. 粤	Yuè	广东省简称

语言点

一、则

连词，放在动词或形容词前，表示上下文所列举的两种情况或两种事物之间的多种承接关系，主要有：（1）对比关系，如“北方还是冰天雪地，南方则已是春暖花开”；（2）条件关系，如“如果 X 等于 5，则 Y 等于 1”；（3）转折关系，如“虽然道理上讲得通，但实行起来则往往行不通”。

◆ 用“则”完成下面的句子。

1. 小王平时不声不响，但打起球来____________________。
2. 人工检索要很长时间，用电脑____________________。
3. 如果双方的意见比较一致，谈判____________________。
4. 这个方案确实不错，但执行起来____________________。

二、不外乎

“乎”是介词，用来引进范围。“不外乎”表示不超过某个范围，即“在某个范围之内”，如“大家平时聊的不外乎工作、生活、爱好等话题”“我家常吃的蔬菜不外乎白菜、萝卜、西红柿、黄瓜、圆白菜这几种”。

◆ 完成下面含有"不外乎"的句子。

1. 饮食的味道不外乎____________这几种。

2. 选择职业时要考虑的因素不外乎以下几种：

（1）____________；（2）____________；（3）____________。

3. 失业在家的原因不外乎以下几种：

（1）____________；（2）____________；（3）____________。

读后练习

一、根据课文内容，选择正确答案。

1. 关于中国人的饮食口味，与课文不符的是：（　　）

A 中国人的饮食非常讲究"味"

B 中国人的口味正变得越来越重

C 川菜、湘菜、东北菜都太咸太辣

D 一些中式快餐不但咸，而且油腻

2. 关于粤菜的特点，课文里没有提到的是：（　　）

A 口味清淡　　B 加工精细

C 食材新鲜　　D 保持食物本身的味道

3. 中国人外出用餐的习惯有什么变化？（　　）

A 在外用餐的次数增加了　　B 只有节日才去餐厅用餐

C 平时一般都在家里用餐　　D 在外用餐是少数人才有的口福

4. 餐厅里的菜味道咸的根本原因是：（　　）

A 顾客喜爱

B 厨师们认为菜越咸越好吃

C 老板要求厨师多放盐

D 为了让顾客消费更多的酒水，而酒水的利润很高

5. 中国人口味越来越重的根本原因是：（　　）

A 各种味道都吃腻了　　B 生活节奏快，压力大

C 调味品越来越丰富　　D"重口味、轻营养"的饮食习惯

二、选择与目标词语意思相近的一项。

1. 饮食　A 吃喝　B 饮料　C 粮食　D 食材
2. 随机　A 随着　B 随便　C 随意　D 机会
3. 恐惧　A 害怕　B 恐怕　C 吃惊　D 具体
4. 本身　A 身旁　B 身份　C 身体　D 自身
5. 导致　A 造成　B 引导　C 大致　D 向导
6. 就餐　A 快餐　B 正餐　C 用餐　D 点餐
7. 迟钝　A 延迟　B 推迟　C 迟到　D 麻木
8. 营养　A 经营　B 培养　C 养分　D 营业

三、选择加点词语的正确解释。

1. 中国人的饮食讲究“色香味俱全”。（　　）

A 们　B 很　C 有　D 都

2. 三十年前，“下馆子”是节日才有的口福。（　　）

A 去食堂吃饭　B 去餐厅吃饭

C 打包回家吃　D 叫外卖

3. 现在对许多人来说，（下馆子）只不过是家常便饭。（　　）

A 餐厅里的家常菜　B 家里日常吃的饭

C 便当　D 极其平常的事情

4. 酒水的巨大利润让餐馆舍不得少放盐。（　　）

A 忘了多放盐　B 不舍得多放盐

C 不愿意多放盐　D 忍不住多放盐

5. 味道不外乎酸甜苦辣咸。（　　）

A 不在乎　B 不超出　C 不至于　D 不仅是

6. 重口味、轻营养。（　　）

A 重视 / 忽视　B 重要 / 轻松

C 重点 / 缺点　D 加重 / 减轻

四、选择与句中加点词语意思相同的一个，并说明其他三个的意思。

1. 无辣不欢，老感觉菜没味儿……（　　）

A 尊老敬老是中华民族的传统美德。

B 牛排四到七分熟最好吃，不能烤得太老。

C 这孩子老上网玩游戏，家长也拿他没办法。

D 奶奶，您这老脑筋也该改一改了。

2. 首先是在外就餐的次数增加了。（　　）

A 你去不了就算了，我们再找别人吧。

B 就着花生米喝啤酒是我爸爸的最爱。

C 代表们就这个问题展开了激烈的讨论。

D 住校生必须严格遵守就寝时间。

3. 有些餐馆老板甚至会要求厨师多放盐，好让顾客消费更多的酒水。（　　）

A 你把电话号码告诉我，有消息我好通知你。

B 今天天气好冷啊，衣服穿少了。

C 好啊，你居然敢骗我！看我怎么收拾你。

D “赢”字笔画多，确实不好写。

五、根据课文内容，从以下几个方面归纳中国人口味越来越重的原因。

1. 餐厅经营：________________

2. 人的味觉：________________

3. 现代生活的特点：________________

4. 调味品的发展：________________

5. 中国人的饮食习惯：________________

六、分组讨论。

中国菜跟你们国家的菜口味有什么不同？你喜欢哪些口味的中国菜？吃不惯哪些味道和调味品？

泛读篇

细说佛跳墙

阅读要求：561 字，阅读时间 8 分钟，答题时间 15 分钟。

导　读

中国有八大菜系，分别是粤菜、川菜、鲁菜、湘菜、闽菜、苏菜、浙菜和徽菜。每个菜系都有自己的名菜，每一道名菜都有自己的历史和故事。这篇课文讲的是闽菜佛跳墙的传说。

读前准备

1. 读出下面各省的名称、简称，并将对应的名称与简称连起来。

广东	湘	浙江	苏
四川	鲁	江苏	浙
山东	粤	福建	皖
湖南	川	安徽	闽

2. 很多中国菜的名字背后都有故事，请介绍一个中国菜名的故事。

课　文

1　佛跳墙是福州的传统名菜，用的食材多达十几种，有鲍鱼、海参、鸡、鸭、猪蹄、羊肘、火腿、鸽子蛋、冬笋、冬菇、白萝卜、干贝等。烹制时，把食材放入坛中，加入绍兴酒，用炭火慢慢煨熟。

2　有人说佛跳墙起源于唐代（618—907）。传说酒楼隔壁是一家寺院，一天，一个和尚正在打坐，突然闻到一阵肉香，便跳过墙去大吃了一顿，于是这家酒楼就把这道菜叫"佛跳墙"了。

3　另一种传说与当地婚俗有关。在福建，新娘婚后第三天要表演厨艺。有位姑娘从来没下过厨房，出嫁时，妈妈用荷叶包了一包山珍海味给她。她在厨房打开荷叶包时，恰好有人进来，于是她把山珍海味都倒进了酒坛里，还用荷叶封住了酒坛口，把酒坛塞进了还有余火的炉灶里。第二天客人们都来了，婆婆到厨房一看，见炉灶里有一个酒坛，掀开荷叶后竟发出诱人的香味，就端到了酒席上，客人们品尝后都赞不绝口。

4　还有一个比较可信的传说。清朝（1644—1911）末年，有一位官员请钦差吃饭。官员夫人把鸡、鸭、肉等食材放入酒坛中煨熟，做成了美味菜肴。钦差觉得很好吃，便让自家的厨师到官员家学艺，厨师在菜中又加入了各种山珍海味，比官员夫人做得更加美味。后来，这位厨师在福州开设了菜馆。一天，几位秀才来饮酒，店员上了这道菜。秀才问是什么菜，店员说还没起名字，于是秀才们开始吟诗，其中的两句是"坛起荤香飘四邻，佛闻弃禅跳墙来"。从此，这道菜就叫"佛跳墙"了。

（改自《老饕侃吃》，作者白忠懋）

生　词

鲍鱼 bàoyú	海参 hǎishēn	蹄 tí	肘 zhǒu
鸽子 gēzi	冬笋 dōngsǔn	冬菇 dōnggū	干贝 gānbèi
烹制 pēngzhì	坛 tán	炭 tàn	煨 wēi
起源 qǐyuán	隔壁 gébì	寺院 sìyuàn	婚俗 hūnsú
荷叶 héyè	封 fēng	塞 sāi	炉灶 lúzào
掀 xiān	诱人 yòurén	菜肴 càiyáo	吟 yín

注释：

1. 绍兴酒 shàoxīngjiǔ: 浙江绍兴出产的黄酒。
2. 钦差 qīnchāi: 旧时由皇帝亲自派遣、代表皇帝外出办理重要事务的官员。
3. 秀才 xiùcai: 旧时对读书人的泛称。
4. 禅 chán: 这里泛指与佛教相关的一切事物。

读后练习

一、回答问题。

1.“佛跳墙”是哪里的传统名菜？
2. 烹制“佛跳墙”需要哪些食材？
3. 关于“佛跳墙”这个菜名的来源，课文里讲了几种传说？

二、判断正误。

1.“佛跳墙”这道菜是把各种食材放在坛中，用炭火慢慢煨熟的。 （ ）
2.“佛跳墙”是一道和尚日常吃的菜。 （ ）
3. 福建有新婚夫妇婚后第三天表演厨艺的风俗习惯。 （ ）
4. 新娘从自己娘家带来了一包山珍海味。 （ ）
5. 新娘把山珍海味煮熟了，端上桌请客人品尝。 （ ）
6. 官员请钦差到家里吃饭，还亲自下厨准备了饭菜。 （ ）
7. 钦差的厨师到官员家学习厨艺，后来开了一家菜馆。 （ ）
8.“佛跳墙”这个菜名可能出自几位秀才的诗。 （ ）

三、选择加点词语的正确解释。

1. 一个和尚正在打坐。 （ ）
A 闭目盘腿坐着 B 寻找座位
C 坐在椅子上 D 拍打座位

2. 妈妈用荷叶包了一包山珍海味给她。 （ ）
A 农家菜和渔家菜 B 这里指珍贵稀有的食材
C 家常便饭 D 稀奇古怪的食物

3. 把酒坛塞进了还有余火的炉灶里。 （ ）
A 燃烧后的灰烬 B 刚刚点燃的火
C 快熄灭的微火 D 烧得正旺的火

4. 客人们品尝后都赞不绝口。 （ ）
A 不停地吃 B 拒绝称赞
C 十分支持 D 不停称赞

5. 官员夫人把鸡、鸭、肉等食材放入酒坛中煨熟，做成了美味菜肴。　　（　　）

A 各种各样的菜　　B 营养丰富的菜

C 味道很好的菜　　D 世界闻名的菜

6. 于是秀才们开始吟诗。　　（　　）

A 写诗作画　　B 欣赏诗歌

C 口头作诗　　D 小声读诗

四、根据课文内容，给下面的句子排序。

□ 用小火慢慢煨熟。

□ 把各种食材放在一个坛子里。

□ 准备鲍鱼、海参、鸡、鸭、猪蹄、羊肘等多种食材。

□ 把坛子放到炉灶的余火里。

□ 用荷叶封住坛口。

□ 加入绍兴酒。

五、摘录文中诗句并选择词语的意思。

____

1. 荤：　A 油腻　　B 肉菜　　C 美味　　D 炒菜

2. 闻：　A 听到　　B 看到　　C 尝到　　D 嗅到

3. 弃：　A 拿走　　B 送来　　C 丢下　　D 取回

读报篇

中国人食用油和食盐摄入量超标

阅读要求：313 字，阅读时间 4 分钟，答题时间 12 分钟。

核心提示：卫生部近日公布的一组数据显示，我国 80% 的家庭人均食用油和食盐摄入量超标。

研究表明，一般人每日摄入的食用油克数不应超过其体重千克数的 0.45‰，因此每人每日的食用油摄入量以 20 ～ 30 克为宜。卫生部的数据显示，我国城市居民平均每人每日的食用油消费量近 50 克，约为健康食用量的两倍；在个别大城市，居民平均每人每日的食用油消费量已接近 90 克，是健康食用量的三倍多。

此外，专家指出，每人每日的食盐摄入量以 5 克为宜，高血压患者为 2 ～ 3 克。但我国北方居民每人每日的食盐摄入量高达 15 ～ 18 克，而南方居民也有 10 ～ 12 克。食盐的摄入量过高，也是健康的大敌，相对于食用油而言，其危害有过之而无不及。医学界普遍认为，减少食盐摄入量可以降低高血压、心脏病和中风的发病率。另有研究显示，如果全球的食盐摄入量减少 15%，每年可挽救将近 900 万人的生命。

（改自新华网）

读后练习

一、填空。

1. 我国________的家庭人均食用油和食盐摄入量超标。
2. 每人每日的食用油摄入量以________为宜。
3. 每人每日的食盐摄入量以________为宜，高血压患者为________。
4. 如果全球的食盐摄入量减少________，每年可挽救将近________的生命。

二、选择加点词语的正确解释。

1. 我国 80% 的家庭人均食用油和食盐摄入量超标。（ ）

A 低于标准　　B 高于标准

C 符合标准　　D 标准太高

2. 每人每日的食用油摄入量以 20 ～ 30 克为宜。（ ）

A 20 到 30 克之间合适　　B 不得低于 30 克

C 不得少于 20 克　　D 不得超过 30 克

3. 在个别大城市，居民平均每人每日的食用油消费量已接近 90 克。（ ）

A 大多数　　B 特别的

C 其余的　　D 极少数

4. 食盐的摄入量过高，也是健康的大敌。（ ）

A 过于　　B 过关　　C 过来　　D 过时

5. 相对于食用油而言，其危害有过之而无不及。（ ）

A 食用油摄入量过高对健康的危害超过了食盐

B 食盐摄入量过高对健康的危害超过了食用油

C 食盐和食用油的摄入量过高都会危害健康

D 不仅是食用油，食盐摄入量过高也会危害健康

6. 如果全球的食盐摄入量减少 15%，每年可挽救将近 900 万人的生命。（ ）

A 将就　　B 将将　　C 接近　　D 将来

三、根据课文内容，选择正确答案。

1. 关于中国人食用油的摄入情况，正确的是：（　　）

A 一半左右的中国人食用油摄入量超标
B 中国城市居民平均每人每日摄入食用油 50 克以上
C 中国城市居民普遍食用油摄入量超标
D 中国大城市居民的食用油摄入量更合理

2. 关于中国人的食盐摄入情况，正确的是：（　　）

A 专家建议大家不要吃盐
B 高血压患者的食盐摄入量应低于健康人
C 南方居民的食盐摄入量高于北方居民
D 食用油和食盐对身体都是有害的

3. 关于减少食盐摄入量的好处，课文中没有提到的是：（　　）

A 可以减少高血压的发病率　　B 可以减少心脏病的发病率
C 可以减少中风的发病率　　D 可以减少肥胖的发病率

四、以《食盐与健康》为题，写一篇 200 字左右的短文。

文言篇

笔

阅读要求：23 字，阅读时间 5 分钟，答题时间 10 分钟。

- **笔以羊毛为之，其杆以竹或木为之，手执杆而写字。**
- **筆以羊毛爲之，其杆以竹或木爲之，手執杆而寫字。**

一、选择课文中加点词的正确解释。

1. 以	A 把	B 用
2. 为	A 制作	B 成为
3. 或	A 或许	B 或者
4. 之	A 代词，指笔杆	B 代词，指毛笔
5. 执	A 握；持	B 按

二、选择正确答案。

1. 文中的内容不包括： （ ）

A 毛笔的历史 B 毛笔的原料
C 毛笔的制作 D 毛笔的用法

2. 制作毛笔的材料不包括： （ ）

A 羊毛 B 竹叶 C 竹子 D 木头

三、将繁体字与相应的简体字连起来。

筆 爲 執 寫

为 写 笔 执

四、将课文译成白话文。

单元练习

一、朗读词组或小句，注意词语的用法。

1. 项
一～比赛
一～工程
八～规定
这～任务

2. 随机
～抽取
～调查
～采样检验
～电话采访

3. 导致
疾病～死亡
粗心大意～不及格
利益冲突～战争
谈判失败～关系破裂

4. 不外乎
常见病～头疼、感冒
孩子喜欢的东西～玩具、零食
矛盾产生的原因～一些日常小事
失败的原因～以下两种

5. 感
满足～
成就～
责任～
自卑～

6. 刺激
～的运动
～的电影
追求～
别～他

7. 重……轻……
～男～女
～农～商
～数量～质量
～分数～能力

8. 公布
～成绩
～账目
～调查结果
～选举结果

9. 显示
数据～
图像～
测试结果～
调查结果～

10. 量
摄入～
消费～
降水～
出口～

二、选字填空。

俱	超	宜	达	塞
封	掀	端	跳	近

1. 受雨雪天气影响，个别路段临时____路。
2. 自古以来，中国人的饮食就讲究“色香味____全”。
3. 开车要遵守交通规则，____速行驶很容易造成交通事故。
4. 调查显示，中国网民平均每天上网____4 个小时。
5. 如果长年得不到升职加薪，你会选择____槽吗？
6. 房门锁着，敲门没人应，我只好把信从门缝____了进去。
7. 这部电影有很多暴力场面，儿童不____观看。
8. 近年来，男性肥胖问题严重，肥胖比例已高____20%。
9. 针对就餐中的浪费现象，中国各地____起了“光盘行动”。
10. 用餐时，应将身体靠近饭碗，还是用手____着饭碗？

三、选词填空。

讲究	随机	导致	利润	刺激
节奏	公布	数据	显示	危害

1. 空气污染________肺癌的发病率和死亡率逐年上升。
2. 政府昨天______了下一年度的经济预算案，教育经费有所增加。
3. 由于劳动力和原材料价格上升，公司的________已经大不如前了。
4. 网友质疑调查________是否准确，因为这与人们的实际感受相差太远了。
5. 记者在街头________采访了几位路人，发现大家并不知道这件事。
6. 吸烟不仅________自己的健康，而且会损害周围人的健康。
7. 随着生活________的加快，与家人共享晚餐的机会越来越少了。
8. 近年来，中国人的饮食越来越________营养了。
9. 本次调查的结果________，有意愿生育二孩的家庭仅占 20.5%。
10. 青少年沉迷于________的网络游戏会产生心理问题。

四、近义词填空。

1. A 加深　B 加快　C 加强　D 加重

（1）奶奶的病一天比一天______了，全家都很担心。

（2）我们要大力促进文化交流，______两国人民之间的传统友谊。

（3）你的口语不太好，以后要______口语练习。

（4）时间不够了，请大家______速度，要不就来不及了。

2. A 表达　B 表现　C 表示　D 显示

（1）对这篇报道的观点，我______赞同。

（2）我现在的汉语水平还不能完全______自己的意思。

（3）数据______，住在高层公寓的人有四成不认识自己的邻居。

（4）这场比赛，11 号球员______得十分出色。

3. A 丰富　B 丰盛　C 富有　D 富裕

（1）自古以来，长三角地区就是中国最______的地区。

（2）家里来客人了，妈妈准备了______的饭菜。

（3）一项研究表明，______同情心的人晚年生活会更加健康幸福。

（4）张老师教了二十多年汉语了，教学经验非常______。

4. A 起源　B 发源　C 来源　D 原来

（1）这种假冒化妆品的______还有待进一步调查。

（2）中国的两条大河——长江和黄河都______于青藏高原。

（3）学术界普遍认为，人类的共同祖先______于非洲。

（4）我找了你半天，______你在这里呀！

5. A 减少　B 减弱　C 减轻　D 减小

（1）吃药以后，他的病情明显______了。

（2）______汽车尾气排放，对提高空气质量很有帮助。

（3）经过消防人员的全力扑救，火势已经开始有所______。

（4）鱼鳞片分泌出的粘液，可以______水的阻力。

HSK 拓展训练

一、选出有语病的一项。

1. A 烤鸭是北京的名菜，我们应该去尝一尝。
   B 减肥这件事说起来容易，做起来难。
   C 只有多听多说，才你能学好汉语。
   D 这是我一生中收到的最好的礼物。

2. A 当地的人们都是热情，给我留下了深刻的印象。
   B 我们一边欣赏夜空，一边聊天，度过了一个愉快的晚上。
   C 中国有四大直辖市：北京、上海、天津和重庆。
   D 街上到处是水果摊，走到哪儿都能闻到诱人的果香。

二、选词填空。

1. 长期一日吃两餐的人容易发胖。因为同等热量的______下，一日两餐与一日三餐或四餐的人______，其能量代谢更______经济化，久而久之，会使体重增加。

A 情况　比较　超过
B 时间　相同　接近
C 可能　对比　远离
D 条件　相比　趋于

2. 水是地球上最______的物质之一，是包括人类______所有生命生存的重要资源，也是生物体最重要的______部分。水在生命______中起到了重要的作用。

A 常常　以内　成为　进化
B 常见　在内　组成　演化
C 平常　在外　构成　退化
D 平时　之内　形成　变化

三、选句填空。

我的家乡高邮县是水乡，出产鸭子。高邮大麻鸭是著名的鸭种。鸭多，鸭蛋也多，（1）________________，于是高邮咸鸭蛋出了名。每逢有人问起我的籍贯，回答之后，对方就会肃然起敬：“哦！你们那里出咸鸭蛋！”上海熟食店里出售的咸鸭蛋，价签上必定清清楚楚地标明“高邮咸蛋”。

（2）________________。别处鸭蛋也偶有双黄的，但不如高邮的多，可以成批输出。（3）________________，只是切开之后，里面圆圆的两个黄，（4）________________。

对于异乡人称道高邮鸭蛋，我是不大高兴的，心里总觉得：好像我们那穷地方就出鸭蛋似的！不过高邮的咸鸭蛋确实好，我去过的地方不少，吃过的咸鸭蛋也不少，但和我家乡的完全不能相比！说实话，作为一个地道的高邮人，（5）________________，我实在瞧不上。

A 使人惊奇不已
B 高邮还出双黄鸭蛋
C 别的地方的咸鸭蛋
D 高邮人也善于腌鸭蛋
E 双黄鸭蛋的味道其实无特别之处

第2单元

职业

精读篇

该不该选择自己喜欢的职业

阅读要求：573 字，阅读时间 8 分钟，答题时间 15 分钟。

导　读

有研究人员对影响生活质量最重要的三个因素进行了调查，结果发现：排在第一位的是工作上的满足感；排第二位的是家庭关系；第三位才是金钱。由此可见，选择一个恰当、理想的职业，是人生中一道非常重要的选择题。

读前准备

1. 读出下面这些职业，并说说每个职业的优点和缺点。

公务员	记者	建筑师	医生
教师	律师	工程师	会计

2. 介绍一下你的理想职业，说说你为什么喜欢这个职业。

课　文

1　该不该选择自己喜欢的工作，是纠结在每个年轻人心头的一道选择题。其实答案大家都有，少数人有魄力或者说有运气做了自己喜欢的工作，多数人知道自己没有那种奢侈命，只能在为数不多的可能性中，挑一个综合指数最高的工作干下去。说到底，工作仍是我们谋生的手段。在资源短缺、竞争激烈的社会中，工作能养家糊口，甚至让你过上中产阶级的生活就已经很不错了，难道还要保证你过得兴高采烈吗？

2　其实，对刚刚踏入职场的人来说，似乎没有选择自己喜欢职业的能力和资格。首先，没那么多的机会可以供你选择，而且，这时候你真的还不知道自己想要的是什么，你也不知道每份工作对你究竟意味着什么。也许你觉得自己性格外向、能说会道，一定适合销售工作，但你可能没想到销售也得做大量的报表，还要跟人强颜欢笑……每个工作都有其琐碎的一面，如果把日常工作内容一项一项列出来，一定有的是乐趣，有的是麻烦。问题不在于你有多享受那些乐趣，而在于你是否能忍受那些麻烦。

3 更难的是，那些你认为你喜欢的事，你真的擅长吗？我知道有人热爱写作，为腾出时间写小说，到 40 岁还没有稳定的工作，收入没保障，老婆孩子苦不堪言。虽然作品一直没有发表的机会，却仍坚信自己会成功。书稿我见过，实在没多少天分。

4 所以别再埋怨现实的残酷，年轻的时候不要停留于空想，尽快选择一条前面有光亮的路走起来。在路上你总会渐渐明白自己是谁，想要的究竟是什么。

（改自《第一财经周刊》）

生　词

1. 纠结	jiūjié	（形）	形容心里矛盾，不知怎么办。◇～了很久 | 太～了
2. 魄力	pòlì	（名）	做事的胆识和果敢的作风。◇很有～ | 需要～
3. 奢侈	shēchǐ	（形）	花费钱财过多，过分追求享受。◇～品 | 生活～
4. 综合	zōnghé	（动）	把不同种类或性质的事物统括起来。◇～国力 | ～排名
5. 指数	zhǐshù	（名）	统计学上指某一时期某一经济现象的数值跟作为比较标准的另一时期的数值的比率，多用百分比表示。◇物价～
6. 谋生	móushēng	（动）	谋求生计。◇～手段 | 靠打工～
7. 资源	zīyuán	（名）	生产资料或生活资料的天然来源。◇水力～ | ～丰富
8. 短缺	duǎnquē	（动）	缺乏；不足。◇食品～ | 资金～
9. 竞争	jìngzhēng	（动）	双方或多方之间，为了各自的利益，通过自身力量的相互较量来争夺胜利。◇公平～ | ～激烈
10. 养家糊口	yǎngjiā-húkǒu	（成）	供给家庭费用，维持家庭生活。
11. 阶级	jiējí	（名）	处于不同地位的社会集团。◇中产～ | ～矛盾
12. 似乎	sìhū	（副）	好像；仿佛。◇～在哪儿见过 | ～不错

13. 资格	zīgé	（名）	从事某种活动所应具备的条件、身份等。◇参赛～
14. 意味着	yìwèizhe	（动）	含有某种意义。◇放弃～失败
15. 销售	xiāoshòu	（动）	卖出（商品）。◇～电子产品 | 降价～
16. 琐碎	suǒsuì	（形）	细小而繁多。◇～的家务 | ～的记忆
17. 享受	xiǎngshòu	（动）	物质上或精神上得到满足。◇～生活 | ～福利
18. 忍受	rěnshòu	（动）	把痛苦、困难、不幸的遭遇等勉强承受下来。◇～痛苦
19. 擅长	shàncháng	（动）	在某方面有特长。◇～绘画 | ～烹饪
20. 热爱	rè'ài	（动）	热烈地爱。◇～祖国 | ～学习
21. 腾	téng	（动）	空出来。◇～房间 | ～不出手
22. 保障	bǎozhàng	（动）	确保，使充分实现。◇～供给
23. 书稿	shūgǎo	（名）	著作的底稿。◇誊写～ | 校对～
24. 残酷	cánkù	（形）	激烈而艰苦。◇～的现实 | 竞争很～

语言点

一、在于

动词，主要有两种用法：（1）相当于“就是”“正是”，用来指出事物的本质，如“这次失败的原因就在于你太粗心大意”；（2）相当于“决定于”，用来指出事物的关键，如“成功与否就在于今天的谈判结果了”。

◆ 完成下面含有“在于”的句子。

1. 这起交通事故的起因就在于______________。
2. 工程的好坏不在于______________，而在于______________。
3. 前两局的比分是 1 比 1 平，能不能获胜就在于______________了。
4. 去还是不去，完全在于______________。

二、意味着

动词，表示“含有某种意义”，如“放弃意味着失败”“家庭意味着责任”。

◆ 完成下面含有“意味着”的句子。

1. 结婚意味着____________________。

2. 大学毕业意味着______________________。

3. 工作对我来说，意味着______________________。

4. 经济发展意味着______________________。

读后练习

一、根据课文内容，选择正确答案。

1. 关于“该不该选择自己喜欢的工作”，与课文不符的是： （ ）

A 这是一个令每个年轻人都感到纠结的问题

B 这是一个谁也找不到答案的问题

C 少数人做了自己喜欢的工作，因为他们有魄力或者运气

D 多数人只能从为数不多的机会中挑一个综合指数最高的工作

2. 对于大多数人来说，工作的本质是： （ ）

A 谋生的手段　　B 竞争的手段

C 为了过上中产阶级生活　　D 为了过得兴高采烈

3. 关于“刚刚踏入职场的人”，与课文不符的是： （ ）

A 完全没有选择职业的机会

B 不知道自己想要什么

C 不知道每份工作意味着什么

D 不知道自己是否真的擅长自己喜欢的工作

4. 关于“销售工作”，与课文不符的是： （ ）

A 适合能说会道、性格外向的人

B 要做大量报表

C 要跟人强颜欢笑

D 要把日常工作内容一项一项列出来

5. 关于“选择职业”的建议，以下哪一种课文中没有提到？ （ ）

A 主要看你有多享受工作的种种乐趣

B 主要看你是否能忍受工作的种种麻烦

C 别再抱怨现实的残酷，停止空想

D 尽快选择一个有前途的工作开始做

二、选择与目标词语意思相近的一项。

1. 纠结　A 纠正　B 矛盾　C 团结　D 结实
2. 魄力　A 动力　B 灵魂　C 胆识　D 活力
3. 短缺　A 缺乏　B 短小　C 长短　D 缺点
4. 似乎　A 仿佛　B 几乎　C 相似　D 类似
5. 琐碎　A 砸碎　B 粉碎　C 零碎　D 混乱
6. 忍受　A 耐力　B 忍心　C 任性　D 忍耐
7. 擅长　A 擅自　B 善于　C 特征　D 特长
8. 保障　A 保护　B 保守　C 保卫　D 保证

三、选择加点词语的正确解释。

1. 多数人知道自己没有那种奢侈命。（　　）

A 这里指得到理想工作的运气　B 这里指远大的理想

C 这里指过上奢华生活的机会　D 这里指丰厚的收入

2. 挑一个综合指数最高的工作干下去。（　　）

A 平均数　B 把各种数字都加在一起

C 排在最前面的数字　D 综合考虑各种因素得出的数值

3. 你可能没想到销售也得做大量的报表。（　　）

A 刊登在报纸上的表格　B 报名表

C 时间表　D 向上级汇报工作的表格

4. 每个工作都有其琐碎的一面。（　　）

A 很　B 其他　C 它　D 其余

5. 收入没保障，老婆孩子苦不堪言。（　　）

A 反复劝说别人不要做某事　B 感到为难，不好意思说出来

C 为实现理想辛勤地付出　D 非常痛苦，难以用语言表达

6. 书稿我见过，实在没多少天分。（　　）

A 天文数字　B 天生的才能

C 天然资源　D 天才的想法

四、选择与句中加点词语意思相同的一个，并说明其他三个的意思。

1. 你可能没想到销售也得做大量的报表，还要跟人强颜欢笑……　（　　）

A 这双鞋跟儿太高，走路很累。

B 他的脾气从小就跟他爸爸非常相像。

C 我自己的钱不够，跟父母借了点儿。

D 后边的同学快走两步，跟上来。

2. 如果把日常工作内容一项一项列出来，一定有的是乐趣，有的是麻烦。（　　）

A 列位来宾，请大家举起酒杯，为新郎新娘的幸福干杯！

B 这个问题不在今天的议题之列，我们下次再讨论。

C 这列火车真长，居然有这么多节车厢。

D 同学们在校园里列队欢迎来访的国际友人。

3. 我知道有人热爱写作，为腾出时间写小说，到 40 岁还没有稳定的工作。（　　）

A 我的行李也很多，腾不出手来帮你拿。

B 飞机在跑道上滑翔了一段便腾空而起，飞上了云霄。

C 孩子们，别闹腾了，该睡觉了。

D 水已经沸腾了，现在可以把饺子放进去煮了。

五、填空并将成语与其意义连线。

1. ____数不多	A 形容口才好。
2. 养家____口	B 数量不多。
3. 兴____采烈	C 形容兴致高，精神饱满。
4. 能说会____	D 心里不痛快，但勉强露出笑脸。
5. ____颜欢笑	E 供给家庭费用，维持家庭生活。

六、分组讨论。

你在选择职业时遇到了哪些让你纠结的问题？你是怎么解决的或者你打算怎么解决？

泛读篇

乐迷的梦想

阅读要求：539 字，阅读时间 8 分钟，答题时间 15 分钟。

导 读

喜欢放声高歌，擅长演奏乐器，甚至自己谱曲填词——每个乐迷都怀抱着音乐的梦想，希望把音乐作为自己一生的事业。可是更多的人迫于生活压力，不得不放弃音乐梦，从事其他职业。

读前准备

1. 读出下面这些乐器，并说说哪些是中国的民族乐器。

二胡	萨克斯	古筝	钢琴
小号	小提琴	琵琶	吉他

2. 介绍一种你们国家的传统乐器。

课 文

1 邓杰是个不折不扣的乐迷，打小就热爱音乐，流行乐、古典乐，任何能发出美妙声响的乐器他都喜欢。

2 因为高考落榜，邓杰很早就参加了工作。那时，他每个月的工资才 1600 块，可他却用两年多的积蓄买了一支萨克斯。为了买萨克斯，邓杰差点儿连婚都没结成。当时，他和女朋友只有万把块的积蓄，本打算全用在结婚上的，可一时冲动的邓杰竟买了萨克斯，花了 1 万多，女朋友差点儿跟他分手。

3 结婚后，邓杰悟出一点儿道理来：因为穷，他根本无法实现自己的音乐梦，能改变现状的，就是财富。于是，邓杰辞了职，去做生意。他说，千万别把我当生意人，我做生意只不过是为了圆我的音乐梦而已。这些年，因为邓杰忙于生意，我们的交往少了很多。

4 前几天，邓杰打电话给我，让我去他的新家坐坐，我答应了。当我到他家时，邓杰因为应酬还没回来，是他老婆招待的我。客厅中的豪华钢琴一下子吸引了我，我说，邓杰这下如愿了吧，他想钢琴都想了半辈子了。他老婆说，邓杰早不碰乐器了，那是给女儿买的。那总有时间听音乐吧，我望着他那套价格不菲的音响问。他老婆同样是淡然一笑说，除了看大片时用用，邓杰很少打开音响。

5 邓杰回来后，我跟他说起了音乐的事，他的话让我愕然：“谁还管得了音乐，这世界，赚钱才是硬道理。当初，我只想借助做生意去圆音乐梦，可没想到它却夺走了我最初的梦想。”

（改自《燕赵都市报》，作者张揆辅）

生 词

美妙 měimiào	声响 shēngxiǎng	乐器 yuèqì	落榜 luòbǎng
积蓄 jīxù	悟 wù	财富 cáifù	应酬 yìngchou
招待 zhāodài	豪华 háohuá	音响 yīnxiǎng	淡然 dànrán
愕然 èrán	借助 jièzhù	夺 duó	

注释：

1. 高考：大学入学考试，“普通高等学校招生全国统一考试”的简称，每年 6 月 7 日和 8 日举行，部分省区高考时间为 3 天。

2. 萨克斯 sàkèsī: Saxophone，乐器名称，也叫“萨克斯管”。

读后练习

一、回答问题。

1. 邓杰的爱好是什么？
2. 邓杰目前从事哪方面的工作？
3. 邓杰先后买过哪两种乐器？

二、判断正误。

1. 邓杰从小就爱好音乐，他什么乐器都喜欢。（ ）
2. 邓杰大学一毕业就参加了工作，工资是每月 1600 块。（ ）
3. 邓杰把准备结婚的钱买了一支萨克斯，女朋友生气跟他分手了。（ ）
4. 这些年，因为我和邓杰工作都很忙，所以很少来往。（ ）
5. 邓杰请我去他的新家做客，他家有豪华的钢琴和音响。（ ）
6. 邓杰做生意挣到钱以后为自己买了一架豪华钢琴。（ ）
7. 邓杰现在完全不演奏乐器了，也很少听音乐。（ ）
8. 邓杰没有实现音乐梦想是因为他一直很穷。（ ）

三、选择加点词语的正确解释。

1. 邓杰是个不折不扣的乐迷。（ ）

A 十有八九　　B 真实；生动
C 十全十美　　D 十足；彻底

2. 当时，他和女朋友只有万把块的积蓄。（ ）

A 近 1 万块　　B 1 万元整
C 1 万多块　　D 成千上万

3. 结婚后，邓杰悟出一点儿道理来。（ ）

A 判断出　　B 猜测到
C 领会出　　D 谈论到

4. 我做生意只不过是为了圆我的音乐梦而已。（ ）

A 而且　　B 罢了
C 而言　　D 算了

5. 邓杰这下如愿了吧。 （ ）

A 符合心愿 B 好像做梦

C 如果愿意 D 好像愿意

6. 我望着他那套价格不菲的音响问。 （ ）

A 价格不贵 B 价格昂贵

C 货真价实 D 价格不明

7. 除了看大片时用用，邓杰很少打开音响。 （ ）

A 制作成本高的影片 B 大型动画片

C 大屏幕上放的影片 D 大本漫画书

8. 他的话让我愕然。 （ ）

A 生气遗憾 B 害怕恐惧

C 目瞪口呆 D 手忙脚乱

四、根据课文内容，给下面的句子排序。

☐ 高考落榜，参加工作。
☐ 挣到钱，搬新家，购买豪华钢琴和音响。
☐ 花 1 万多块买了一支萨克斯。
☐ 为了实现音乐梦，辞职去做生意。
☐ 跟女朋友结婚。
☐ 邓杰热爱音乐，喜欢各种乐器。

五、“赚钱才是硬道理”这句话是什么意思？你同意这种观点吗？

读报篇

制止就业性别歧视新规出台

阅读要求：322字，阅读时间5分钟，答题时间12分钟。

核心提示：从下个月开始，新修订的《北京市人力资源市场条例》即将实施，该条例规定，用人单位的招聘信息中不得包含歧视女性的内容，否则将被罚款。

“此工作限招男性”，这恐怕是广大女性求职者在找工作时最怕看到的几个字。有些重体力工作仅限男性，可以理解，但诸如销售、行政助理、工程管理等工作并不是只有男性才能干，凭什么不招女性？

其实就业歧视在其他国家同样存在，现在我们就来看看在保障男女就业平等上，发达国家都有哪些妙招。美国政府规定，企业女员工必须达到一定比例，因此招聘信息中往往会注明：我们是一个提供平等机会的雇主，非常欢迎女性和其他少数族裔来申请我们这个职位。“歧视”这个字眼在澳大利亚也是非常敏感的，企业在招聘时会特别注明：我们公司遵守就业平等的原则。

不过，即使应聘时能享有平等的机会，女性在职业发展过程中还是会遭遇性别歧视。可见，就业中的性别歧视是一个全球性问题，因此各国都在积极解决。

（改自中国广播网）

读后练习

一、填空。

1. 从下个月开始，新修订的____________________即将实施。
2. 用人单位的招聘信息中不得包含________的内容，否则将被________。
3. 美国政府规定，企业__________必须达到__________。
4. 澳大利亚企业在招聘时会特别注明：我们公司遵守__________的原则。

二、选择加点词语的正确解释。

1. 招聘信息中不得包含歧视女性的内容，否则将被罚款。（　　）
A 不可以　B 不得不　C 了不得　D 不得了

2. 诸如销售、行政助理、工程管理等工作并不是只有男性才能干。（　　）
A 各种　B 例如　C 许多　D 假如

3. 企业女员工必须达到一定比例。（　　）
A 具体人数　B 最低人数
C 正确率　D 比重

4. 我们是一个提供平等机会的雇主。（　　）
A 出钱让别人给自己干活的人　B 给别人干活挣钱的人
C 借钱给别人的人　D 靠打工挣钱的人

5. 非常欢迎女性和其他少数族裔来申请我们这个职位。（　　）
A 少数种族及其后代　B 少数派
C 外来人口　D 流浪人员

6. “歧视”这个字眼在澳大利亚也是非常敏感的。（　　）
A 文字　B 词语　C 符号　D 标志

三、根据课文内容，选择正确答案。

1. 关于《北京市人力资源市场条例》，与课文不符的是：（　　）
A《北京市人力资源市场条例》从下个月开始实施
B 条例规定，用人单位必须雇佣一定比例的女性

C 条例规定，招聘信息中不能有歧视女性的内容

D 如果用人单位不遵守这个规定，会被罚款

2. 美国和澳大利亚的招聘信息中，一般不会包括： （　　）

A 此工作限招男性

B 欢迎女性申请这个职位

C 欢迎少数族裔申请这个职位

D 我们公司遵守就业平等的原则

3. 关于就业中的性别歧视，以下哪种观点与课文不符？ （　　）

A 职业发展过程中存在性别歧视现象

B 就业中的性别歧视是一个全球性问题

C 绝大多数国家的企业在招聘时已经实现了男女平等

D 各国都在积极解决就业中的性别歧视问题

四、以《性别与职业》为题，写一篇 200 字左右的短文。

文言篇

二鸟

阅读要求：28 字，阅读时间 5 分钟，答题时间 10 分钟。

- **檐下悬竹笼，笼中有二鸟：一曰画眉，一曰百舌。皆善鸣之鸟。**
- **檐下懸竹籠，籠中有二鳥：一曰畫眉，一曰百舌。皆善鳴之鳥。**

一、选择加点词的正确解释。

1. 悬　A 挂　B 放
2. 曰　A 说　B 叫
3. 皆　A 都　B 也
4. 善　A 擅长　B 善良
5. 鸣　A 鸣叫　B 说话

二、选择正确答案。

1. 关于"笼"，哪种说法与课文不符？（　　）

A 笼子在屋檐下边　B 笼子是用竹子制成的
C 笼子在屋顶上边　D 笼子里有两只鸟

2. 这两种鸟有什么共同特点？（　　）

A 名字很好听　B 叫得很好听
C 眉毛很好看　D 舌头很奇怪

三、将繁体字与相应的简体字连起来。

懸　籠　鳥　畫　鳴

鸣　笼　画　悬　鸟

四、将课文译成白话文。

单元练习

一、朗读词组或小句，注意词语的用法。

1. 纠结
   心里很～
   别再～了
   ～买哪种好
   ～报考哪所大学

2. 说到底
   ～，是我错了。
   ～，还是要靠自己。
   ～，还是网购方便。
   ～，还是缺乏资金。

3. 难道
   这件事～你没听说过吗？
   ～你忘了吗？我们见过。
   ～只是嘴上说说？不算数吗？
   ～每次都要我提醒你吗？

4. 供
   这些意见～你参考
   这个房间～客人休息
   这本教材～外国人使用
   我们有两个方案～客人选择

5. 意味着
   放弃～失败
   婚姻～责任
   忘记～背叛
   考试成绩并不～全部

6. 在于
   一年之计～春
   一日之计～晨
   获胜的关键～良好的心理素质
   学好汉语的秘诀～多听多说

7. 一时
   ～冲动
   ～糊涂
   ～想不通
   ～反应不过来

8. 而已
   说说～
   如此～
   开个玩笑～
   我只不过发发牢骚～

9. 如
   万事～意
   ～愿以偿
   ～数赔偿
   ～约而来

10. 否则
    七点必须出发，～就迟到了。
    你得亲自去请，～他不会来的。
    考试必须通过，～不能毕业。
    要充分沟通，～无法达成共识。

二、选字填空。

供	腾	打	列	悟
如	碰	圆	夺	把

1. 学校放假了，____明天起，我就不用去上学了。
2. 你先把要买的东西____一张单子，然后再去超市。
3. 请你把事情的经过____实叙述一遍。
4. 机场有专____贵宾使用的乘机通道和休息室。
5. 考试以后，我就再也没有____过书本了。
6. 这场车祸____走了四条年轻的生命。
7. 再过个____月，父亲就要从工作了三十多年的岗位上退下来了。
8. 工作再忙，也要____出时间常回家看看，多陪陪父母。
9. 这件事使我____出了一个道理：求人不如求己。
10. 他工作多年后，又去参加高考，为的是____自己多年的大学梦。

三、选词填空。

短缺	竞争	琐碎	资格	擅长
落榜	积蓄	应酬	意味	歧视

1. 各种族一律平等，我们坚决反对种族________。
2. 由于粮食________，世界上还有很多人经常处于饥饿状态。
3. 老舍是中国著名小说家，尤其________创作反映北京市民生活的小说。
4. 这两家公司生产和销售同类产品，相互之间________激烈。
5. 我虽提出了一些不同看法，但这并不________着我不赞成你的计划。
6. 不要为________的小事伤脑筋，先挑重要的事情来做。
7. 丈夫工作忙，朋友多，________也多，妻子有时难免抱怨。
8. 很多高考________考生会选择复读，第二年再考。
9. 为了送儿子出国留学，夫妻俩花掉了多年的________。
10. 只有获得预赛前十名的选手才有________参加决赛。

四、近义词填空。

1. A 在于　B 在乎　C 看在　D 存在

（1）只要质量好，价钱贵一点，我不______。
（2）______咱们多年朋友的面子上，这次我就不跟他计较了。
（3）俗话说：一年之计______春，一日之计______晨。
（4）目前公司还不______倒闭的风险，只是产品销量下降很快。

2. A 意味　B 意思　C 意义　D 意见

（1）他帮了我这么大忙，我总应该买点礼物______一下。
（2）这部电影很有教育______，年轻人应该看一看。
（3）癌症确实是一种难以治愈的疾病，但是得了癌症并不______着死亡。
（4）公司这次裁员来得太突然，员工们______很大。

3. A 享受　B 忍受　C 受到　D 接受

（1）多年来，他一直______着病痛的折磨，坚持工作。
（2）围棋大赛将于今年 4 月在我市举行，即日起______报名。
（3）65 周岁以上老年人免票，不满 65 周岁的老年人______半价优惠。
（4）儿童比成年人更容易______室内空气污染的危害。

4. A 交换　B 交流　C 交往　D 交际

（1）正式建交以后，两国开展了各类文化______活动。
（2）宅男宅女们往往性格比较内向，不善______，少有朋友。
（3）公司的圣诞晚会常有同事之间互相______礼物的环节。
（4）听说他们______了一年多，最后因为性格不合分手了。

5. A 豪华　B 华丽　C 繁华　D 繁荣

（1）昨日某汽车品牌新款______商务车在上海正式发布，共四款车型。
（2）王府井和西单是老北京最______的两条商业街。
（3）祝愿我们的国家______富强，人民生活幸福安康！
（4）诗人运用了大量______的辞藻来赞美家乡的美景。

HSK 拓展训练

一、选出有语病的一项。

1. A 蝙蝠其实不是鸟，就是一种会飞的哺乳类动物。

   B 十年来，阿紫和她的父亲救助过的流浪猫多达 300 余只。

   C 日常饮食中，我们应更重视摄取食物的质量，而非数量。

   D 在家人的精心照顾下，爷爷很快恢复了健康。

2. A 哪怕只有百分之一的希望，我们也要做百分之百的努力。

   B 这是一个周末的夜晚，餐馆里都到处坐满了顾客。

   C 位于怀柔境内的慕田峪长城，是中国最著名的长城段之一。

   D 太阳表面温度仅摄氏五千度到六千度，但当太阳闪焰出现时，温度时常超过摄氏一千万度。

二、选词填空。

1. 每个人的梦想都不一样，可是有一样是______相同的，就是我们的梦想______我们的现实生活，每个人的梦想大都______身边的生活。

   A 大致　　离不开　　源于

   B 大约　　打不开　　从来

   C 全体　　走不开　　来自

   D 完全　　分不开　　自从

2. 古时候，人类为了______，在与自然界的______灾难进行抗争中，发现和利用了火。火的发现和利用，______了人类的生存条件，并使人类______聪明而强大。

   A 活着　　多多　　改良　　变成

   B 生存　　种种　　改善　　变得

   C 生活　　个个　　改变　　得到

   D 存活　　各种　　改正　　成为

三、选句填空。

中华民族的传统用具（1）________________，既表现了不同于其他民族的风俗，又为世界文化的进步和发展做出了贡献，其中最典型的是被称为“文房四宝”的书写工具：笔、墨、纸、砚。

笔、墨、纸、砚，各有各的用途，各有各的讲究，（2）________________，用它们来写字，就形成了独特的书法艺术。如今，毛笔书法越来越受到国人青睐，不少家长从小就让孩子练习书法，成年人练习书法的也越来越多。

“文房四宝”（3）________________，也是融绘画、书法、雕刻、装饰等为一体的艺术品。2007 年，中国科学院自然科学史研究所联手中国文房四宝协会，向联合国教科文组织申报笔墨纸砚为世界级“非物质文化遗产”。

故宫博物院收藏的文房四宝多为清代名师所作，皇家御用，（4）________________，代表了我国数千年来文房用具的发展水平和能工巧匠们的创造智慧与艺术才能，是（5）________________。

A 文房用具中的瑰宝
B 不仅是具有极强实用价值的文具用品
C 有不少独具一格的
D 合起来就是一整套书写工具
E 用料考究、工艺精美

第 3 单元

名 字

精读篇

中国人的取名文化

阅读要求：581 字，阅读时间 8 分钟，答题时间 15 分钟。

导　读

尊姓大名、久闻大名、名满天下、名垂青史、名落孙山、臭名昭著……汉语中有许多与名字有关的成语。每个人都希望有一个好听的、有意义的、与众不同的名字。那么，中国人又是怎么取名字的呢？

读前准备

1. 读出下面的姓名用字，并说说哪些用于男性？哪些用于女性？

梅	强	丽	勇	海
刚	婷	虎	燕	晶

2. 你有中文名字吗？请介绍一下你的中文名字的意思和来历。

课　文

1　中国人把名字看得很重，认为一个人的名字可以影响他的命运，所以取名字时也就煞费苦心。一个人刚刚出生甚至还没出生，父母便开始盘算着给他取名字了。

2　不惜重金去请专业人士起名字，这在中国民间很普遍，并不是什么匪夷所思的事情。父母拿着孩子的生辰八字去找算命先生，用五行相生相克来推算人的命运，如果这孩子命中火旺，给他取名字时，就找一个与水有关的字，这样水就会抑制住他命运中的旺火，以免让他受到伤害。

3　一个人的名字往往寄托着长辈对他的希望和祝福，所以从一个人的名字往往能看出他的长辈，至少是给他取名字的那个人是什么样的人：取名财、金、银、发之类的，取名之人往往是爱财又没有财的人；取名文、章、印、权之类的，取名之人往往是爱权又没有权的人；取名军、国、民、忠之类的人，取名之人往往是热爱国家的人……虽然这番言论不过是戏言，但还是有几分道理的。

4 我还发现一个有关中国人取名字的有趣现象。虽说这一现象不在多数，但毕竟是有的：没文化的人取名字翻出字典，找个字典里意思吉祥且笔画又多又烦琐的字作名字；有文化的人取名字则简单得很，写一个很简单的十个人有九个都认识的字当名字。结果是没文化的人翻字典冒充有文化，反倒显得没文化；有文化的人信手拈来，看似没文化，其实很有文化。

5 在中国取名字是一种文化，这倒不是说中国人取的名字多有文化，而是中国人取名字时大有讲究，这种种讲究构成了中国的“取名文化”。

（改自《汉字王国》，作者林西莉）

生 词

1. 煞	shà	（副）	极；很。◇～费苦心
2. 盘算	pánsuan	（动）	心里算计、谋划。◇心里～ | ～了很久
3. 普遍	pǔbiàn	（形）	适合于广大范围的；具有共同性的。◇～现象 | ～规律
4. 匪夷所思	fěiyísuǒsī	（成）	指事物怪异或人的言行离奇，不是一般人按照常理所能想象的。
5. 生辰八字	shēngchén bāzì	（名）	用天干和地支相配表示人出生的年、月、日和时辰的八个字。中国占卜师据此推算人的命运。
6. 五行	wǔxíng	（名）	指金、木、水、火、土五种物质。中国古代思想家用五行来说明宇宙万物的起源和变化。
7. 相生相克	xiāngshēng-xiāngkè	（成）	中国古代关于五行之间相互作用和影响的说法，如木生火，火克金等。
8. 推算	tuīsuàn	（动）	根据已有数据计算出有关的数值。
9. 抑制	yìzhì	（动）	压抑；控制。◇～物价上涨
10. 旺	wàng	（形）	兴盛；旺盛。◇～季 | 炉火很～
11. 寄托	jìtuō	（动）	把理想、希望、情感等放在（某人身上或某种事物上）。◇把希望～在孩子身上 | ～哀思

12. 长辈	zhǎngbèi	（名）	辈分高的人。◇尊敬～
13. 忠	zhōng	（形）	真心实意的；尽心尽力的。◇～言 | ～心
14. 番	fān	（量）	用于动作的遍数。◇解释了一～ | 讨论了一～
15. 言论	yánlùn	（名）	对人或事所发表的议论。◇～自由 | 错误的～
16. 毕竟	bìjìng	（副）	终归；到底。◇～是孩子 | ～是一家人
17. 笔画	bǐhuà	（名）	组成汉字的横、竖、撇、点、折等。◇～太多 | 按姓氏～排列
18. 烦琐	fánsuǒ	（形）	繁多而琐碎。◇手续～
19. 冒充	màochōng	（动）	以假充真。◇～警察 | ～名牌
20. 反倒	fǎndào	（副）	反而。◇退休后～更忙了
21. 拈	niān	（动）	用两三个手指头夹取东西。◇从口袋里～出两枚硬币
22. 构成	gòuchéng	（动）	组成；造成。◇人员～ | ～犯罪

语言点

一、以免

连词，用在后一分句的开头，表示如果做到前面描述的事情，就可以避免发生后面的不利情况，用于书面语，口语多用“免得”“省得”。如“监考老师不要说话，以免影响学生答题”“早点儿起床，免得迟到”“带上雨伞吧，省得下雨挨淋”。

◆ 完成下面含有“以免”“免得”“省得”的句子。

1. 坐飞机一定要提前抵达机场，以免____________________。
2. 观看演出时，请勿交谈，以免____________________。
3. 我上网查一下怎么走，免得____________________。
4. 到了以后给家里打个电话，省得____________________。

二、毕竟

副词，用来强调不会改变或无可争议的事实，后面常有最终得出的结论，暗含否定对方观点，或者认为对方没有看到事情的本质，如“不管怎么聪明，他毕竟是个孩子，难免出错”“虽然没有成功，但我毕竟努力尝试了，不后悔”。

◆ 完成下面含有“毕竟”的句子。

1. 安娜毕竟__________________，说中文时难免出现语法错误。
2. 在饭馆吃饭毕竟__________________，还是自己做饭经济实惠。
3. 虽然付出了很多，但你的愿望毕竟__________________，应该高兴才对。
4. 不管怎么说，这件事毕竟__________________，你应该给他道个歉。

读后练习

一、根据课文内容，选择正确答案。

1. 中国人把名字看得很重，主要是因为：（　　）

A 认为名字可以影响人的命运
B 名字里寄托着长辈的希望和祝福
C 名字可以让人避免受到伤害
D 名字可以显示一个人有没有文化

2. 关于“算命先生起名字”，与课文相符的是：（　　）

A 请算命先生起名字在中国是匪夷所思的事情
B 算命先生取名字时主要根据孩子的出生日期
C 算命先生用五行相生相克来推算孩子的命运
D 如果孩子是火命，就要取一个与“火”有关的字

3. 关于姓名用字，课文中没有提到的是：（　　）

A 爱财又没有财的人喜欢用“财、金、银、发”等字
B 爱权又没有权的人喜欢用“文、章、印、权”等字
C 热爱国家的人喜欢用“军、国、民、忠”等字
D 热爱生命、关注健康的人喜欢用“康、健、寿、久”等字

4. 关于“没文化的人取名字”，与课文不符的是：（　　）

A 用查字典的方法来取名字　B 选择笔画又多又烦琐的汉字
C 偏爱意思吉祥的汉字　D 他们这样做确实显得很有文化

5. 关于“有文化的人取名字”，与课文不符的是：（　　）

A 他们认为花时间取名字不值得，所以随便找个字当名字
B 他们一般选那些绝大多数人都认识的汉字当名字

C 他们看上去随便取的名字，其实很有文化

D 他们偏爱简单的汉字

二、选择与目标词语意思相近的一项。

1. 盘算	A 谋划	B 计算	C 算数	D 算盘
2. 普遍	A 到处	B 随便	C 寻常	D 方便
3. 抑制	A 管制	B 制度	C 制定	D 控制
4. 寄托	A 寄予	B 邮寄	C 托运	D 委托
5. 言论	A 议论	B 发言	C 论文	D 言行
6. 烦琐	A 频繁	B 烦恼	C 平凡	D 复杂
7. 冒充	A 感冒	B 补充	C 假装	D 隐藏
8. 反倒	A 反而	B 反正	C 地道	D 反对

三、选择加点词语的正确解释。

1. 取名字时也就煞费苦心。（　　）

A 费尽心思　　B 不太用心

C 浪费心思　　D 白费工夫

2. 不惜重金去请专业人士起名字，这在中国民间很普遍。（　　）

A 白白花很多钱　　B 不得不花钱

C 花不了多少钱　　D 舍得花大钱

3. 虽然这番言论不过是戏言，但还是有几分道理的。（　　）

A 戏曲唱词　　B 玩笑话

C 谎言　　D 吹牛

4. 虽说这一现象不在多数，但毕竟是有的。（　　）

A 占多数　　B 多得是

C 不算多　　D 多多少少

5. 有文化的人信手拈来，看似没文化，其实很有文化。（　　）

A 随手拿来，运用自如　　B 写信写得很好

C 不经同意，随便乱用　　D 把别人的信拿来看

6. 中国人取名字时大有讲究。（　　）

A 很有意思　　B 深入讲解

C 很有学问　　D 认真研究

四、选择与句中加点词语意思相同的一个，并说明其他三个的意思。

1. 虽然这番言论不过是戏言，但还是有几分道理的。（　　）

A 我说不过你，就算你说得有道理吧。

B 我不过说说而已，你也别太在意。

C 你能来，真的是再好不过了。

D 时间是紧了点儿，不过我相信你能按时完成。

2. 没文化的人取名字翻出字典，有文化的人取名字则简单得很。（　　）

A 这条公路的车流量比去年同期翻了两番。

B 没想到你这么快就把这篇文章翻成英文了。

C 你翻箱倒柜的，到底在找什么东西？

D 京剧武生在台上连翻数个跟头，台下一片喝彩声。

3. 这倒不是说中国人取的名字多有文化。（　　）

A 大风把树都刮倒了。

B 从这里去王府井要倒好几次车。

C 父母应该让孩子做些家务，比如洗碗、洗衣服、倒垃圾等。

D 屋子不大，收拾得倒还干净。

五、根据课文内容，归纳以下几类人取名字的方法和特点。

1. 专业人士：________________

2. 长辈：________________

3. 没文化的人：________________

4. 有文化的人：________________

六、分组讨论。

每个国家的取名方式都有自己的特点，你们国家取名字时有哪些讲究？最常见的名字有哪些？

泛读篇

人名趣闻

阅读要求：554字，阅读时间8分钟，答题时间15分钟。

导　读

在中国，对尊长直呼其名是非常不礼貌的行为，因为中国文化中有“避名讳”的传统。说话或者写文章时，不能直接说出或者写出君王、圣贤及尊长的名字。

读前准备

1. 读出下面这些中国历史人物的名字，并说说他们是谁。

孔子	李白	秦始皇	武则天
孙武	蔡伦	诸葛亮	司马迁

2. 你听说过哪些很有意思的中国人的名字？请你介绍一下。

课　文

1　在日常交往中，我们时常会遇到许多有趣的名字，譬如：姓文，叫文章；姓高，叫高兴；姓毕，叫毕竟；姓腾，叫腾飞；等等。这类普通词汇用作人名，不但有趣，而且容易被人记住。

2　其实，叫什么并不重要，重要的是，一旦成了名人，名字也就跟着值钱了，有些很普通的名字，一到了名人身上，可就不一样了，似乎一下子成了身份的象征，很多人以和他们同名为荣。我表哥叫朱军，和著名主持人同名，电视上那个朱军一出来，我们就说：“看，咱表哥出来了。”

3　上初三的时候，班上转来一位和我同名不同姓的同学。那位同学成绩平平，还经常旷课。老师常把我俩的名字搞混，在班上提着我的名字批评。每当这时，同学们总是瞅瞅他又瞅瞅我，偷偷地笑，我真想站起来，大声说：

"老师，犯错的不是我。"可是，我却始终没有勇气那样说。唉，都是名字惹的祸。

4　中国人除了在正式场合使用的大名以外，一般都有在家人、亲戚、朋友间使用的小名。孩子的小名用叠字的多，比如牛牛、壮壮、笑笑、甜甜等。在有些农村地区，给孩子取小名时，家长会故意取丑名，比如丫蛋、黑子、大脚等。

5　取丑名的习俗古已有之。比如，春秋时期（公元前 770—公元前 476）晋国国君晋成公的名字就很有趣，叫"黑臀"，这是因为他生下来屁股上有一大片黑色胎记。据说取丑名是为了骗过鬼怪，让鬼怪嫌弃，从而打消带走孩子的念头，这样孩子就可以健康长大了。

（改自红袖添香网，作者散花天仙）

生　词

譬如 pìrú	腾飞 téngfēi	象征 xiàngzhēng	瞅 chǒu
始终 shǐzhōng	勇气 yǒngqì	惹祸 rěhuò	叠 dié
臀 tún	屁股 pìgu	鬼怪 guǐguài	嫌弃 xiánqì

读后练习

一、回答问题。

1. 课文开头提到了哪一类有趣的名字？请把这些名字找出来。
2. 作者的表哥叫什么名字？与谁同名？
3. 课文中提到了哪两种小名？

二、判断正误。

1. 文章、高兴、毕竟、腾飞等普通词汇不宜用作名字。　（　　）
2. 名人的名字和普通人的名字听起来没什么两样。　（　　）
3. 很多人因为与名人同名而感到荣幸。　（　　）

4. 我表哥与著名节目主持人曾同时出现在电视节目里。（ ）
5. 初三的时候，我们班来了一个跟我姓名完全一样的新同学。（ ）
6. 另外一位同学经常旷课，老师却点名批评我。（ ）
7. 我想提醒老师说错了名字，可又没有勇气。（ ）
8. 为了让孩子健康长大，中国人有给孩子取小名的习俗。（ ）

三、选择加点词语的正确解释。

1. 一旦成为了名人，名字也就跟着值钱了。（ ）

A 一夜之间　　B 如果某一天

C 一天早上　　D 早晚有一天

2. 那位同学成绩平平，还经常旷课。（ ）

A 成绩很差　　B 成绩不错

C 成绩优秀　　D 成绩一般

3. 老师常把我俩的名字搞混。（ ）

A 弄好　　B 写错

C 弄错　　D 忘记

4. 哎，都是名字惹的祸。（ ）

A 带来的运气　　B 开的玩笑

C 带来的麻烦　　D 带来的缘分

5. 取丑名的习俗古已有之。（ ）

A 之前就有　　B 之后没有

C 自古就有　　D 古代没有

6. 因为他生下来屁股上有一大片黑色胎记。（ ）

A 赶走鬼怪保护自己的图画

B 皮肤上生来就有的色斑

C 给人带来幸福的人或东西

D 标有出生信息的证明书

四、根据课文内容，选择正确答案。

1. 下面的人名故事，与课文不符的是：（　）

A 用普通词汇当作名字容易被人记住

B 我表哥与著名主持人同名

C 我与一个同班同学同名不同姓

D 晋成公的名字非常有趣，叫“黑背”

2. 关于中国人的大名和小名，与课文不符的是：（　）

A 在中国，大名只能在正式场合使用

B 中国人在家人、亲戚、朋友之间一般叫小名

C 中国人喜欢给孩子起叠字小名

D 有些农村家长觉得孩子的小名“丑”点儿好

3. 关于丑名，课文中没有提到的是：（　）

A 取丑名在中国已经有很长的历史了

B 在有些农村地区，家长会故意给孩子取丑名

C 世界上其他国家和地区也有起丑名的习俗

D 取丑名是为了骗过鬼怪，这样孩子就可以健康长大了

读报篇

李、王、张为中国三大姓氏

阅读要求：399 字，阅读时间 6 分钟，答题时间 12 分钟。

核心提示： 据统计，中国最大的三个姓是李、王、张，三大姓氏的总人数是 2.7 亿。姓氏研究是一门科学，而中国人的姓氏是姓氏学理想的研究对象。

本报记者对中国科学院遗传与发育生物学研究所的有关研究人员进行了专访。该研究人员称，姓氏研究是一门科学，在遗传学领域具有重要研究价值，但长期以来并未得到足够的重视。中国人的姓氏是姓氏学理想的研究对

象。因为中华民族拥有五千年的历史，中华文明中间没有间断过，这使我们有可能发现遗传学规律。而且中国人历来宗族观念比较强，同一姓氏、有血缘关系的人往往聚居在一起。所以，地图上才会有那么多张家庄、李家庄、王家庄、赵家庄……

1983 年，我国进行了一次全国人口普查。1986 年，专家们开始利用这次普查的数据，对中国的姓氏进行统计分析，结果显示：中国人正在使用的姓氏达 13000 多个，而历史上中国人曾经使用过的姓氏则多达 22000 个。1987 年 5 月 2 日，此次普查中排名前一百位的姓氏被公之于众，在“新百家姓”中，李、王、张三个姓氏位居前三甲。据统计，中国最大的这三个姓，分别约占总人口的 7.9%、7.4% 和 7.1%，三大姓氏的总人数是 2.7 亿，为世界上最大的三个同姓人群。

（改自华易姓名网）

读后练习

一、填空。

1. 中国人曾经使用过的姓氏多达________，正在使用的姓氏达________。

2. 中国最大的三个姓是________、________、________，分别约占总人口的________、________和________。

3. 李、王、张三大姓氏的总人数是________，为世界上最大的三个同姓人群。

二、选择加点词语的正确解释。

1. 该研究人员称，姓氏研究是一门科学。（　　）

A 因为　　B 所以　　C 应该　　D 这位

2. 姓氏研究是一门科学，在遗传学领域具有重要研究价值。（　　）

A 一国主权所达之地　　B 事物之间的区别

C 某一专门活动的范围　　D 学校安排的教学科目

3. 中国人历来宗族观念比较强。（　　）

A 向来　　B 以前　　C 未来　　D 原来

4. 此次普查中排名前一百位的姓氏被公之于众。（　　）

A 向公众做广泛宣传　　B 把情况通知观众

C 诚实对待公众　　D 把情况向大家公布

5. "新百家姓"中，李、王、张三个姓氏位居前三甲。（　　）

A 并列第一名　　B 并列第三名

C 分别排在前三名　　D 排名不分前后

6. 三大姓氏的总人数是 2.7 亿，为世界上最大的三个同姓人群。（　　）

A 做　　B 是　　C 变成　　D 作为

三、根据课文内容，选择正确答案。

1. 关于记者的采访对象，与课文不符的是：（　　）

A 他在中国科学院工作

B 他从事与遗传学相关的研究

C 他认为，中国一直很重视姓氏学研究

D 他认为，中国人的姓氏很有研究价值

2. 中国人的姓氏是理想的研究对象，以下哪一个不是原因？（　　）

A 中华民族拥有五千年的历史

B 中华文明中间没有间断过

C 中国人的家庭观念比较强

D 中国同一姓氏、有血缘关系的人往往聚居在一起

3. 关于课文中提到的"全国人口普查"，正确的是：（　　）

A 这次人口普查是 1983 年进行的

B 普查发现中国有 13000 个姓氏

C 普查后，专家立即开始对中国的姓氏进行统计分析
D 根据普查结果，出版了《新百家姓》

4. 关于中国的姓氏，课文中没有提到的是：（　　）
A 中国人口最多的三大姓氏
B 排名前一百位的姓氏有哪些
C 中国人正在使用的姓氏数量
D 中国人曾经使用过的姓氏数量

四、以《姓名文化》为题，写一篇 200 字左右的短文。

文言篇

年几何

阅读要求：24 字，阅读时间 5 分钟，答题时间 10 分钟。

- **某儿之弟六岁，其弟生时，儿方三岁，问此儿年几何？**
- **某兒之弟六歲，其弟生時，兒方三歲，問此兒年幾何？**

一、选择加点词的正确解释。

1. 某　A 我　B 有一个
2. 儿　A 孩子　B 儿子
3. 其　A 他的　B 其他
4. 方　A 正好　B 只有
5. 此　A 这个　B 因此

二、选择正确答案。

1. 这个孩子现在几岁？　　（　　）

A 三岁　　B 六岁
C 九岁　　D 十二岁

2. 这个孩子比他的弟弟大几岁？　　（　　）

A 一岁　　B 六岁
C 三岁　　D 不知道

三、将繁体字与相应的简体字连起来。

兒　　歲　　時　　問　　幾

时　　问　　几　　岁　　儿

四、将课文译成白话文。

单元练习

一、朗读词组或小句，注意词语的用法。

1. 不惜
～重金
～成本
～牺牲生命
～一切代价

2. 以免
带上雨伞，～挨淋
多穿点衣服，～感冒
提前出发，～迟到
系好安全带，～受到事故伤害

3. 之类
做饭、洗碗～的家务活儿
打字、复印～的琐碎工作
油、盐、酱、醋～的调味品
“对不起”“谢谢”～的寒暄语

4. 且
赚钱多～快
路途遥远，～交通不便
种类繁多，～价格便宜
工作艰苦，～工资很低

5. 大有
多喝开水对健康～好处
这个年轻人今后一定会～作为
听说此人～来头
家具摆放的位置～讲究

6. 一旦
～失败，后果严重
～分别，很难再见面
～失去，很难再拥有
这种病～得了，就很难根治

7. 象征
玫瑰～着爱情
白色～着纯洁
鸽子是和平的～
天安门广场是北京的～

8. 以……为荣
我～你～
他～崇尚科学～
小丽～拥有名牌～
运动员～为国争光～

9. 惹
～麻烦
～祸
别～我
～是生非

10. 有关
～单位
～人士
～国家
～专家

二、选字填空。

居	拈	旷	瞅	似
犯	搞	惹	据	为

1. 根据学校规定，____课超过三分之一不能参加考试。
2. ____错误不要紧，关键是知错就改。
3. 中国高速铁路运营里程____世界首位。
4. 我弟弟小时候非常调皮，三天两头给父母____祸。
5. 这对双胞胎兄弟长得太像了，朋友们经常把他们____混。
6. 希望大家以此次失败____教训，认真做好今后的工作。
7. 她歪着脑袋出神地____着窗外，不知在想什么。
8. ____调查，手机的平均使用寿命一般为两年。
9. 这本书看____容易，其实想学明白还得花些工夫。
10. 对于难度级别很高的词汇，他写文章时都能信手____来。

三、选词填空。

冒充	毕竟	盘算	烦琐	吉祥
象征	譬如	寄托	始终	嫌弃

1. 今天去约会要穿什么衣服，她心里________了半天。
2. 他________交警对违章司机进行罚款，被真警察逮住了。
3. 有些父母在孩子身上________了太多的希望，这给孩子带来很大压力。
4. 适合老年人的锻炼方式很多，________打太极拳、散步什么的。
5. 这幅画虽有不足之处，但________出自名家之手，价格不菲。
6. 元宵晚会________洋溢着欢乐祥和的节日气氛。
7. 龙是中华民族的________，中国人称自己为龙的传人。
8. 这礼物算不上贵重，但是我的一点心意，你别________。
9. 出国留学手续________，很多人宁愿花钱请中介机构代办。
10. 父母想给孩子起个________的名字，祝福孩子一生平安。

四、近义词填空。

1. A 推算　B 打算　C 盘算　D 计算

（1）按照目前的进度______，大桥主体工程的建设预计明年 6 月完成。

（2）信用卡逾期还款利息是如何______的？

（3）公司赚到第一桶金后，他马上开始______扩大公司规模。

（4）我这个月不______参加汉语水平考试，下个月再考。

2. A 普遍　B 普通　C 普及　D 普查

（1）随着生活水平和医疗水平的提高，人类的寿命______延长了。

（2）有关部门将对市区内古建筑的保存状况进行______。

（3）______法律常识对社会稳定有重要作用。

（4）掌握这些拍摄诀窍后，______人也可以拍出大师水准的照片。

3. A 常常　B 往常　C 往往　D 通常

（1）长尾鲨______在深海觅食，虽然外表很恐怖，但不会伤害人。

（2）在激烈的比赛中，成败______就在一瞬间。

（3）今天来吃饭的客人比______要多一些。

（4）这对夫妻______为一些鸡毛蒜皮的小事争吵不休。

4. A 构成　B 形成　C 组成　D 造成

（1）电动自行车在机动车道行驶很容易______交通事故。

（2）全国人民代表大会由省、自治区、直辖市和军队选出的代表______。

（3）通过多年的努力，他终于______了自己独特的艺术风格。

（4）介绍买卖枪支者是非法买卖行为的参与者，也______犯罪。

5. A 观点　B 看法　C 概念　D 观念

（1）经过深入了解，大家改变了对他的______。

（2）媒体与媒介是两个完全不同的______。

（3）文章要尽量做到______明确、条理清晰、内容充实、语句流畅。

（4）改革开放以来，中国人的消费______发生了很大变化。

HSK 拓展训练

一、选出有语病的一项。

1. A 昆曲是中国传统戏曲中最古老的剧种之一。

B 面对困难和挫折，我们可能会退缩，也可能会动摇。

C 白开水是最符合人体需要的天然饮料。

D 现在的家长大多只是注意到给孩子提供优越的物质条件，而忽略了他们的精神世界。

2. A 我曾在一家知名的跨国公司工作过十年。

B 爱丁堡的冬天真是够长的，从十月初开始一直持续到明年 4 月份。

C 子女如果远走高飞，没有音讯，父母就会思念和牵挂。

D 如果将语言比作高楼大厦，那么建造这座大厦的材料就是词汇。

二、选词填空。

1. 痴呆严重______患者的身心健康，使患者的寿命______缩短。在一些国家中，痴呆是______心血管病、脑血管病和恶性肿瘤后排在第四位的老年人死亡______。

A 导致	大为	次	理由
B 破坏	极大	居	方法
C 影响	大大	继	原因
D 危害	多多	占	来源

2. 故事片《不能没有你》是______辽宁师范大学教育系两名与众不同的大学生的______改编的。该片的两位女主角由现实生活中的两位大学生______。这对盲聋姐妹，“你帮我听，我帮你看”，______自强不息的精神，创造了生命的奇迹。

A 同意	事情	出演	让
B 依照	事故	演出	用
C 按照	故事	表演	把
D 根据	事迹	扮演	以

三、选句填空。

中国历代文人不知对竹倾注了多少情。宋代大文学家苏东坡留下了“宁可食无肉，不可居无竹”的佳句。在中国人心目中，(1)________，它文静高雅、虚心进取、高风亮节、乐于奉献。中国人爱竹，不仅因为竹子能在炎热的夏天给人们带来阴凉，(2)________，更因为竹子一身都是宝，并以此奉献给人类。

当春风解冻，万物复苏，竹林里就萌发了“雨后春笋”，它们从清新的泥土里被拔出来，（3）________，成为美味佳肴。有的竹笋存活下来了，经过几个寒暑春秋，身体长得粗壮结实了，便又奉献给了人类的生活。粗大的可以做建材，修筑成竹楼以便人们安居，做成竹床以便人们安睡，做成竹椅以便于人们休憩；(4)________。若是将竹子进行加工，还能编凉席、做竹筷、织菜篮等，满足人们的日常生活所需。新鲜的竹叶，采摘下来，可以包出清香扑鼻的粽子；枯落的竹叶，晒干了可做柴火。而竹根呢，也是不能废弃的，（5）________，成了美观雅致的竹雕，也许是一个龙头拐杖，也许是一个精美的笔筒……

A 经过心灵手巧的艺术家的加工
B 在寒冷的冬天为人们遮挡风寒
C 奉献给人类的餐桌
D 竹有完美的形象
E 细小的又可以制成晾衣竿

第4单元

消费

精读篇

购物的欲望

阅读要求：607字，阅读时间9分钟，答题时间15分钟。

导　读

抵不住商品的诱惑，不能控制购物的冲动，不假思索地购物，遇到商场或网店促销打折便疯狂“血拼”，有用的没用的一买一大堆——对待这种“购物狂”，家人该怎么办呢？

读前准备

1. 读出下面这些商品，并说说你对哪类商品感兴趣。

手袋	珠宝	保健品	运动装备
服装	汽车	化妆品	电子产品

2. 介绍一下你这个月的购物情况。哪方面开销最大？

课　文

1　现代社会离不开购物。人们希望通过购买的物品来重新塑造自己的形象，把自己变成一个更可爱、更容易被周围人接受的人。一般来说，女人热衷于购买服装、手袋、化妆品，男人则喜欢购买电子产品、运动装备、汽车等。

2　购物的热情往往在我们沮丧的时候出现，或者当我们在某件事上取得成绩时，也会把购物当作对自己的奖励。购物欲望的产生是很正常的，但如果购物欲望过于频繁强烈，成为“购物狂”，就比较危险了。

3　工资入账不出一个礼拜，卡里的钱已经所剩无几，可算来算去，并没有买什么像样的东西，不知不觉就成了“月光族”。看着房间里到处是自己花钱买来的没用的东西，常常不由得内疚，自己当时怎么就没有抵住诱惑呢？

4　花钱大手大脚很容易使自己身处困境，比如债台高筑、家人指责等等。

有时家人不得不控制他们的财权，帮助他们还款。但是对待购物狂，不能一味地限制他们购物或者替他们埋单，最好的办法是让他们在下一次“血拼”之前，认真反思自己的行为，学会理智购物。

5　首先，准备一个本子，记录下购买的物品、价格以及购物前后的心情变化。接下来，停止一切消费，不去商场或超市。两三周以后，再重新踏入这些场所，不过不能带银行卡，只能带现金和一张详细的购物清单，这样商场里的东西就变得不再那么吸引人了。最后，还要重新找回购物的乐趣，给自己制定每个月容许冲动购物的上限，让自己从购买的物品中得到充分的乐趣。

6　狂热的购物行为背后也可能隐藏着心理问题，如果是这种情况，就应该咨询一下心理专家了。

（改自《心理月刊》）

生　词

1. 欲望	yùwàng	（名）	想得到某种东西或达到某种目的的愿望和要求。◇产生～ | 强烈的～
2. 塑造	sùzào	（动）	指艺术创作中刻画人物形象。◇～形象
3. 热衷	rèzhōng	（动）	非常喜好（某种活动）。◇～于文学创作 | ～于公益事业
4. 装备	zhuāngbèi	（名）	配备的武器、器械等。◇～精良 | 更新～
5. 沮丧	jǔsàng	（形）	灰心丧气。◇神情～ | 心情～
6. 奖励	jiǎnglì	（动）	给予荣誉或财物进行鼓励。◇～有突出贡献的科学家 | ～成绩优秀的学生
7. 频繁	pínfán	（形）	次数多。◇雨雪～ | ～失误
8. 危险	wēixiǎn	（形）	危急凶险。◇十分～ | 山路～
9. 内疚	nèijiù	（形）	因做错事或对不起人而心情不好；惭愧。◇感到～ | 十分～
10. 抵	dǐ	（动）	挡；顶。◇～住压力 | ～得住 | ～不住
11. 诱惑	yòuhuò	（动）	招引；吸引。◇充满～ | 抵不住～
12. 困境	kùnjìng	（名）	困难的处境。◇身处～ | 摆脱～
13. 指责	zhǐzé	（动）	指摘；责备。◇～别人 | 过分～
14. 控制	kòngzhì	（动）	掌握；使不超出一定范围。◇～情绪 | ～物价

15. 限制	xiànzhì	（动）	约束；不允许超过规定。◇～自由 | ～字数
16. 反思	fǎnsī	（动）	对过去的行为进行思考，从中吸取教训。◇自我～ | 认真～
17. 理智	lǐzhì	（形）	清醒；冷静。◇～消费 | 表现得非常～
18. 容许	róngxǔ	（动）	允许。◇考试不～作弊
19. 冲动	chōngdòng	（形）	感情过分激动，不能用理智有效控制。◇一时～ | 不要～
20. 狂热	kuángrè	（形）	极度热情。◇～的歌迷 | ～地追求
21. 隐藏	yǐncáng	（动）	藏起来使不被发现。◇～起来 | 无处～
22. 咨询	zīxún	（动）	询问；征求意见。◇向朋友～ | 心理～

语言点

一、于

“于”是书面语介词，具有多种用法，常见的有：（1）引进时间，如“鲁迅生于1881年”；（2）引进地点，如“2008年奥运会于中国首都北京举行”；（3）引进对象，如“在国外旅行时遇到问题可求助于大使馆”；（4）引进原因，如“他的父亲死于空难”；（5）表示比较，如“今年冬季的平均气温高于往年”。

◆ 选择合适的词语填空。

忙　　高　　出　　闻名　　成立

1. 云南丽江古城的美景＿＿＿＿＿于全世界。
2. 中华人民共和国＿＿＿＿＿于1949年10月1日。
3. 父亲每日＿＿＿＿＿于工作，没有时间陪伴家人。
4. 艺术源于生活，又＿＿＿＿＿于生活。
5. 我是＿＿＿＿＿于好意，你千万不要误解。

二、过于

副词，表示程度或数量超过限度，相当于“太”，常用于形容词或心理动词前，表示不良情绪或行为，如“做事情不能过于急躁”“购物欲望过于频繁强烈就比较危险了”。

◆ 完成下面含有“过于”的句子。

1. 他的父亲去世了，亲戚朋友安慰他，不要过于＿＿＿＿。

2. 电脑屏幕上显示：您的操作过于________，请稍后再试。
3. 虽然你平时训练成绩不错，但比赛时也不能过于________。
4. 与人相处要以和为贵，不要过于________个人的利益得失。

读后练习

一、根据课文内容，选择正确答案。

1. 关于购物的目的，以下哪种说法与课文不符？（　　）
   A 为了适应现代社会的发展
   B 为了重新塑造自己的形象
   C 为了使自己变得更加可爱
   D 为了使自己更容易被周围人接受

2. 关于购物欲望的产生，以下哪种说法与课文不符？（　　）
   A 产生购物欲望是很正常的事情
   B 心情沮丧时会产生购物的欲望
   C 取得成绩时会产生购物的欲望
   D 得到奖励时会产生购物的欲望

3. 以下哪一个不是"购物狂"的特点？（　　）
   A 购物的欲望过于频繁强烈
   B 为买到像样的东西精打细算
   C 花钱买了很多没用的东西
   D 对自己的疯狂购物行为感到内疚

4. 以下哪一个不是"购物狂"遇到的麻烦？（　　）
   A 手忙脚乱　　B 身处困境
   C 债台高筑　　D 家人指责

5. 对待"购物狂"，以下哪种办法最好？（　　）
   A 控制他们的财权　　B 限制他们购物
   C 替他们支付账单　　D 让他们反思并学会理智购物

二、选择与目标词语意思相近的一项。

1. 热衷　A 沉迷　B 希望　C 兴趣　D 爱好
2. 沮丧　A 担心　B 灰心　C 信心　D 放心
3. 内疚　A 惭愧　B 紧张　C 生气　D 着急
4. 诱惑　A 糊涂　B 劝说　C 欺骗　D 吸引
5. 指责　A 责备　B 指导　C 教育　D 负责
6. 反思　A 反对　B 思想　C 思念　D 反省
7. 重新　A 新鲜　B 再次　C 重复　D 更新
8. 咨询　A 问候　B 听说　C 询问　D 打扰

三、选择加点词语的正确解释。

1. 工资入账不出一个礼拜，卡里的钱已经所剩无几。（　　）

A 不知剩下了多少　B 一点儿剩余也没有
C 剩下的数量很少　D 剩下的都不见了

2. 不知不觉就成了“月光族”。（　　）

A 光花钱不赚钱的人　B 每月花掉当月收入的人
C 特别喜欢赏月的人　D 生活在月光下的人们

3. 花钱大手大脚很容易使自己身处困境，比如债台高筑、家人指责等等。（　　）

A 比喻欠债极多　B 修建高台抵挡追债人
C 被债主追到高台上　D 给房子建起高高的台阶

4. 对待购物狂，不能一味地限制他们购物或者替他们埋单。（　　）

A 专心地　B 单纯地　C 更加地　D 坚决地

5. 让他们在下一次“血拼”之前，认真反思自己的行为，学会理智购物。（　　）

A 花大量金钱购物　B 拼命工作挣钱
C 凑够一定人数团购　D 打折大甩卖

6. 给自己制定每个月容许冲动购物的上限。（　　）

A 购物的次数　B 购物的数量
C 用于购物的最低金额　D 用于购物的最高金额

四、选择与句中加点词语意思相同的一个，并说明其他三个的意思。

1. 人们希望通过购买的物品来重新塑造自己的形象。 （ ）

A 有关部门应尽快公布调查结果来打消公众的顾虑。

B 这些天来，一桩旧事常常浮现在我的脑海中。

C 睡前给孩子读书，一来能使孩子尽快入睡，二来能增长孩子的知识。

D 失败后一定要顶住压力，相信来日方长，以后还有机会获得成功。

2. 工资入账不出一个礼拜，卡里的钱已经所剩无几。 （ ）

A 姑娘被小伙子的诚意所打动，答应了他的求婚。

B 凌晨时分，派出所突然接到一通报警电话。

C 辖区内一共有 6 所小学，哪一所最受家长青睐？

D 果不出所料，议案没能在参议院得到通过。

3. 花钱大手大脚很容易使自己身处困境。 （ ）

A 尼泊尔地处喜马拉雅山南麓，旅游业和登山业发达。

B 我们在一起工作了三年，相处得很愉快。

C 请把房间里的杂物收拾到一处。

D 酒后驾驶处暂扣驾驶证 6 个月及 1000 元以上 2000 元以下罚款。

五、根据课文内容，从以下几个方面归纳学会理智购物的方法。

1. 做好记录：______________________

2. 停止购物：______________________

3. 做好预算：______________________

4. 找回购物乐趣：______________________

5. 寻求帮助：______________________

六、分组讨论。

介绍一下你的购物习惯。对待“购物狂”，你还有哪些好的建议？

泛读篇

“托儿”

阅读要求：541 字，阅读时间 8 分钟，答题时间 15 分钟。

导　读

《托儿》是由著名喜剧演员陈佩斯创作的一部话剧。该剧自从 2001 年 11 月 11 日推出以来，迄今为止，共演出 120 余场，地跨 40 多个城市，所到之处受到社会各界的喜爱。那么，到底什么是“托儿”呢？

读前准备

1. 读出下面这些促销方式，并说说你比较关注哪一种。

换季打折	试吃试用	会员卡	抽奖活动
赠送礼品	限时特价	优惠券	以旧换新

2. 介绍一下你们国家的商场一般会在哪些时候打折促销。

课　文

1 “托儿”本来是北京方言，最初指的是商店或路边小摊儿雇上一个或几个人，假装成顾客，做出种种姿态，引诱真正的顾客买东西。卖的是什么东西，就叫什么托儿，如卖布的叫“布托儿”，卖鞋的叫“鞋托儿”。

2 后来，社会上出现了形形色色的“托儿”。看病时可能会遇上“医托儿”，在餐厅吃饭时可能会遇上“饭托儿”，给孩子找学校时可能会遇上“学托儿”，售楼处有制造楼市繁荣的“房托儿”，电视谈话节目里有踊跃发言的“话托儿”，婚姻介绍所有专门与人相亲的“婚托儿”……

3 话剧《托儿》讲的就是一个“婚托儿”的故事，剧中对诚信问题的探讨直指人心。主人公陈晓开了一家婚姻介绍所，为了吸引征婚者，找了不少“婚托儿”，他的妻子小凤也是“托儿”中的一员。常言道：“常在河边走，哪有不湿鞋。”有一天，小凤竟然忘了自己的真实身份，一不小心爱上了英俊潇洒的“富商”于春。陈晓这下儿可傻了，这不等于将自己的老婆拱手让给别人了吗？更让人难以置信的是，于春的富商身份也是假的。陈晓本来还打算利用这位富商做笔大生意，并且已经把几万美金交给了于春，真是“赔了夫人又折兵”，陈晓急得像热锅上的蚂蚁，不知如何是好……

4　“托儿”这种促销方式利用了人们贪小便宜和从众的心理，其实质是骗取顾客相信商家的商品货真价实，从而掏钱购买，这无疑是一种商业欺诈行为。

生　词

托儿 tuōr	雇 gù	引诱 yǐnyòu	制造 zhìzào
繁荣 fánróng	踊跃 yǒngyuè	诚信 chéngxìn	探讨 tàntǎo
婚姻 hūnyīn	身份 shēnfèn	潇洒 xiāosǎ	拱手 gǒngshǒu
蚂蚁 mǎyǐ	促销 cùxiāo	欺诈 qīzhà	

读后练习

一、回答问题。

1. “托儿”最初指的是什么样的人？
2. 课文里提到了哪几种“托儿”？
3. 话剧《托儿》中三位主人公的名字和身份各是什么？

二、判断正误。

1. 话剧《托儿》讲的是社会上各种托儿的故事。（　　）
2. “话托儿”是电视剧中台词较多的群众演员。（　　）
3. “婚托儿”其实是婚姻介绍所聘用的一种工作人员。（　　）
4. 陈晓和小凤本来是一对夫妻，但小凤爱上了别人。（　　）
5. 于春是一位有钱的商人，他去婚姻介绍所是为了找一位女朋友。（　　）
6. 陈晓被于春骗走了老婆，还有几万美金，非常着急。（　　）
7. “托儿”是一种非法促销方式，属于商业欺诈行为。（　　）
8. 比起货真价实来，人们在购物时往往更追求便宜。（　　）

三、选择加点词语的正确解释。

1. 后来，社会上出现了形形色色的“托儿”。（　　）

A 丰富多彩　　B 五光十色

C 五颜六色　　D 各种各样

2. 售楼处有制造楼市繁荣的“房托儿”。（　　）

A 百货大楼　　B 房地产市场

C 超级市场　　D 股票市场

3. 婚姻介绍所有专门与人相亲的“婚托儿”。（　　）

A 假扮征婚者与人相亲来骗取钱财的人

B 婚礼上陪伴新郎、新娘的年轻男女

C 帮助他人牵线促成婚姻的人

D 受雇帮助别人上门提亲的人

4. 剧中对诚信问题的探讨直指人心。（　　）

A 用谎言迷惑使人跟从　　B 用金钱笼络人的感情

C 启发人们深入地思考　　D 深刻揭露人的本性

5. 更让人难以置信的是，于春的富商身份也是假的。（　　）

A 毫不怀疑　　B 无法相信

C 信以为真　　D 半信半疑

6. “托儿”这种促销方式利用了人们贪小便宜和从众的心理。（　　）

A 按多数人的做法去做　　B 追求时尚

C 讲究实际　　D 尽量让大家满意

四、选择句子的正确解释。

1. 常在河边走，哪有不湿鞋。（　　）

A 比喻以前的努力都白费了。

B 比喻吸取从前的教训，不再犯类似的错误。

C 比喻经常处在充满诱惑的环境中，难免不犯错误。

D 比喻前怕狼后怕虎，不敢采取行动。

2. 这不等于将自己的老婆拱手让给别人了吗？ （ ）

A 这不是把妻子白送给别人吗？

B 怎么能把妻子送给别人呢？

C 为什么要把妻子送给别人？

D 这不是把妻子当成别人了吗？

3. 真是“赔了夫人又折兵”。 （ ）

A 比喻战争中遭到巨大失败。

B 比喻取得了双重效果。

C 比喻想占便宜，反而遭到双重损失。

D 比喻损失了大量人员。

4. 陈晓急得像热锅上的蚂蚁。 （ ）

A 陈晓就像锅上的蚂蚁，热得满头大汗。

B 陈晓着急地看着热锅上的蚂蚁。

C 陈晓看见锅上有一只蚂蚁，很着急。

D 陈晓就像一只蚂蚁在热锅上，急得不知该怎么办。

读报篇

77岁老人晒“国庆账单”

阅读要求：364字，阅读时间5分钟，答题时间12分钟。

核心提示： 江苏无锡77岁的贺某从1958年开始，每天记下自己的每笔开销。这些账本见证了一斤猪肉从五十多年前不到6毛钱涨到现在20多元的全过程，而早餐价格在这五十多年间翻了32倍。

一年前的国庆节，你都买了些啥？这个问题估计会让大多数人感到为难。十年前的国庆节呢，你那天花了多少钱？八成很少有人能够想起来。那么，五十多年前的国庆节呢？可能这个世界上没什么人能够回答出来。

但是，无锡市市民77岁的贺某却记得一清二楚。“1958年的国庆，我一共花了12.48元。当天，因为朋友老郭过来，特意买了毛豆、饼子、青菜，花了不少钱。其余还有两笔开销，洗衣服花了5毛，储蓄4元。”——往银行里存钱也被老贺记在了当天的开销里。

老人手头有20多册账本，从1958年开始，他每天都记下自己的每笔开销。这其中有小到2分钱为儿子买一块糖，8分钱租一本小人书，大到4.5万元资助儿子购买新房等，总共6万多笔开销。这些账本见证了一斤猪肉从五十多年前不到6毛钱到现在20多元的全过程。同时，它也记录下了五十多年前的一对小夫妻，一路协力打拼，奋斗至今，享受幸福晚年的美好经历。

（改自《东方早报》）

读后练习

一、填空。

1. 江苏无锡77岁的贺某从________开始，每天记下自己的每笔________。

2. 一斤猪肉从五十多年前不到________涨到了现在的________，早餐价格在这五十多年间翻了________。

3. 小到________为儿子买一块糖，________租一本小人书，大到________资助儿子购买新房等，总共________多笔开销。

二、选择加点词语的正确解释。

1. 77岁老人晒“国庆账单”。（　　）

A 不好意思　　B 用阳光照射

C 把湿东西晾干　　D 展示东西

2. 每天记下自己的每笔开销。（　　）

A 支出　　B 收入　　C 收支　　D 花钱

3. 早餐价格在这五十多年间翻了 32 倍。（ ）

A 继续上升　B 不断加强

C 迅速发展　D 成倍增加

4. 八成很少有人能够想起来。（ ）

A 万一　B 大概

C 部分　D 或者

5. 老人手头有 20 多册账本。（ ）

A 指经济情况　B 泛指身边

C 办事能力　D 手掌中心

6. 五十多年前的一对小夫妻，一路协力打拼。（ ）

A 共同努力，一起拼搏　B 拼命工作，竞争激烈

C 互相争斗，彼此不合　D 拼死拼活，维持生活

三、根据课文内容，选择正确答案。

1. 关于贺某，与课文不符的是：（ ）

A 贺某是江苏省无锡市的一位老先生　B 贺某是 1958 年出生的

C 贺某和爱人已经结婚五十多年了　D 从 1958 年开始，贺某每天都记账

2. 关于贺某的账本，与课文不符的是：（ ）

A 贺某一共有 20 多册账本　B 账本上记着贺某每天的收支情况

C 账本上可以查到贺某每年国庆花的钱　D 账本上可以查到贺某的存款情况

3. 关于账本上商品的价格，正确的是：（ ）

A 每斤猪肉从不到 6 角涨到 20 多块　B 以前糖果 2 分钱一斤

C 8 分钱可以购买一本小人书　D 一栋新房子大概 4.5 万元

4. 这篇报道主要告诉我们：（ ）

A 中国人庆祝国庆节的方式　B 中国家庭如何教育子女

C 五十多年间中国商品价格的变化　D 中国家庭如何理财和料理家务

四、以《物价与生活》为题，写一篇 200 字左右的短文。

文言篇

鸟生雏

阅读要求：37 字，阅读时间 5 分钟，答题时间 10 分钟。

- **鸟生雏，羊生羔，牛生犊。故雏者，鸟之子也；羔者，羊之子也；犊者，牛之子也。**

- **鳥生雛，羊生羔，牛生犢。故雛者，鳥之子也；羔者，羊之子也；犢者，牛之子也。**

一、选择加点词的正确解释。

1. 生　A 生育　B 产生
2. 雏　A 小鸡　B 幼鸟
3. 羔　A 小羊　B 羊肉
4. 犊　A 小牛　B 牛仔
5. 故　A 所以　B 原来

二、将左右两列相应的文字连起来。

1. 鸟	生犊	2. 雏者	羊之子也
羊	生羔	羔者	牛之子也
牛	生雏	犊者	鸟之子也

三、将繁体字与相应的简体字连起来。

鳥　　雛　　犢

犊　　雏　　鸟

四、将课文译成白话文。

单元练习

一、朗读词组或小句，注意词语的用法。

1. 热衷
   ～于乡村音乐
   ～于网络游戏
   ～于收留流浪狗
   ～于收集古旧家具

2. 过于
   生活～忙碌
   心情～紧张
   性格～敏感
   购物～频繁

3. 身处
   ～困境
   ～险境
   ～绝境
   ～异国他乡

4. 一味地
   不能～批评
   不能～指责
   不能～满足孩子的要求
   不能～追求金钱

5. 指的是
   月光族～月月花光当月收入的人
   追星族～盲目崇拜某一明星的人
   水货～由非法途径入境的货物
   驴友～自助游的背包客

6. 踊跃
   ～参加
   ～发言
   ～投票
   ～举手回答问题

7. 一不小心
   ～摔了一跤
   ～弄丢了交通卡
   ～碰掉了瓷器
   ～说出了实情

8. 贪
   ～吃
   ～睡
   ～玩
   ～小便宜

9. 晒
   ～账单
   ～工资
   ～美食
   ～幸福

10. 八成
    ～没问题
    ～是忘了
    ～能行
    ～通不过面试

二、选字填空。

踏	剩	指	晒	翻
赔	雇	涨	抵	贪

1. 许多人喜欢在朋友圈____自己品尝的美食。
2. 他不但丢了钱，还受了伤，真是____了夫人又折兵！
3. 因为最近物价____得很快，所以人们感到生活压力很大。
4. 工作还没有找到，可是手头的钱已经花得所____无几了。
5. 每年 9 月，都有大批新生____入大学校门，开始新生活。
6. 这所大学发展得很快，短短两年间，学生人数就____了两倍。
7. 今天我们要研讨的课题是：如何帮助孩子克服____吃____睡的毛病。
8. 个别青少年____不住网络游戏的诱惑，荒废了学业，断送了前途。
9. 很多双职工夫妇需要____保姆照顾自己年幼的孩子。
10. 甲骨文____的是一种刻在龟甲或兽骨上的中国古文字。

三、选词填空。

奖励	控制	资助	促销	吸引
踊跃	繁荣	热衷	咨询	开销

1. 糖尿病需要________饮食，可是一味地少吃也不利于身体健康。
2. 我校运动会将于下周一举行，希望各位同学________报名参加各项比赛。
3. 为什么中国家长这么________于让孩子学钢琴、学英语、学奥数呢？
4. 极简生活提倡人们控制购买欲，尽量减少日常________。
5. 这项奖学金专门用于________那些品学兼优、富有创新精神的大学生。
6. 我想向您________一下，暑期有没有商贸汉语培训班？
7. 2015 年中国国家自然科学基金共________各类科研项目达 258.42 亿元。
8. 近一年来国际珠宝市场异常________，交易量增长很快。
9. 为了________游客，景点采取了各种优惠政策和便民措施。
10. 超市正在开展________活动，凡购物满 100 元者赠送鸡蛋一斤。

四、近义词填空。

1. A 重新 B 重复 C 更新 D 重叠

（1）宾馆进行了装修，______了家具和电器。
（2）卫生间打扫得不够干净，请______打扫一遍。
（3）汉语中有些动词可以______，比如“试试”“研究研究”等。
（4）资源紧张和过度浪费让人们越来越关注资源的______利用问题。

2. A 形象 B 对象 C 偶像 D 塑像

（1）中国很多大学的图书馆前面都竖立着孔子的______。
（2）研究______不同，所采用的研究方法也不尽相同。
（3）______也指一种不加批判而盲目加以崇拜的对象。
（4）这部话剧人物______真实生动，看后让人印象深刻。

3. A 过于 B 过分 C 过度 D 过头

（1）长期______饮酒可使肝细胞坏死，最终导致肝硬化。
（2）这样的要求太______了，我们无论如何也不能答应。
（3）今天早上又睡______了，误了早班车。
（4）身材______肥胖会带来各种健康问题，所以一定要控制好体重。

4. A 独特 B 特别 C 特殊 D 特意

（1）今天是父母的结婚纪念日，我______为他们准备了礼物。
（2）我喜欢看小说，______是老舍先生的小说。
（3）学习外语时，我们要关注词语的______用法。
（4）这部电影采用了______的镜头表现手法。

5. A 强烈 B 激烈 C 热烈 D 剧烈

（1）学术研讨会上，大家发言积极，讨论得很______。
（2）刚吃过饭不宜做______运动，因为消化器官需要大量血液供应。
（3）这场足球赛，双方实力不相上下，比赛进行得紧张______。
（4）不要用肉眼直接观察日食，______的光线会刺伤眼睛。

HSK 拓展训练

一、选出有语病的一项。

1. A 秋天是北京一年中最美好的季节。
   B 他是一位有着三十多年教龄的老教师。
   C 婺源属于中国铁路之父詹天佑的家乡。
   D 做一件事情，只要开始行动，就算获得了一半的成功。

2. A 人人都需要关爱，关爱能增进两个人的感情，拉近两个人的距离。
   B 我们虽然在校学习多年，但却没有学到任何关于金钱方面的知识。
   C 李小龙虽然不是最早进入好莱坞的华人，却是最早成为国际巨星的功夫演员。
   D 当作一名翻译，不仅要学好外语，还要学好本民族语言，二者缺一不可。

二、选词填空。

1. 优秀人才与普通人相比，在做出判断和决定前能更多地______各种事实和可能性，______行动的各种可能后果，决定一旦做出也能更______地见诸行动。

A 考察	预料	明显
B 考虑	预测	迅速
C 考验	预习	充分
D 思考	预计	显著

2. 自古以来，喜鹊就是深受中国人喜爱的鸟类，因为它是好运与福气的______。在中国的民间______中，每年的七夕，人间所有的喜鹊会飞上天河，______起一座鹊桥，让分离的牛郎和织女在桥上相会，______在中华文化中，“鹊桥”用来指有情男女相会的地方。

A 表示	节目	架	因此
B 代表	故事	连	总之
C 象征	传说	搭	因而
D 意思	风俗	组	于是

三、选句填空。

松鼠是一种漂亮的小动物，乖巧，驯良，很讨人喜欢。（1）＿＿＿＿＿＿＿＿＿，除了南极地区以外，全世界各大洲都有分布。

松鼠面容清秀，眼睛闪闪发光，身体矫健，四肢轻快，非常机警，玲珑的小面孔（2）＿＿＿＿＿＿＿＿＿，显得格外漂亮。松鼠喜欢把尾巴翘起来，一直翘到头上，自己躲在尾巴底下乘凉。它们常常直竖着身子坐着，像人们用手一样，用前爪往嘴里送东西吃。

松鼠经常在高处活动，像飞鸟一样住在树顶上，（3）＿＿＿＿＿＿＿＿＿。它们在树上做窝，摘果实，喝露水，只有树被风刮得太厉害了，才到地上来。在平原地区是很少看到松鼠的，它们不接近人的住宅，（4）＿＿＿＿＿＿＿＿＿，只喜欢住在高大的老树上。在晴朗的夏夜，可以听到松鼠在树上跳着叫着，互相追逐。它们好像很怕强烈的日光，白天躲在窝里，晚上才出来奔跑、玩耍、吃东西。

松鼠虽然有时也捕捉鸟雀，（5）＿＿＿＿＿＿＿＿＿，它们的食物以种子和果实为主，种子有时占到 97% 以上，常吃的有杏仁、榛子、榉实和橡栗。

A 从这棵树跳到那棵树
B 衬上一条帽缨形的美丽尾巴
C 却不是肉食动物
D 松鼠的分布范围很广
E 也不待在小树丛里

第 5 单元

婚 恋

精读篇

中国式逼婚

阅读要求：587 字，阅读时间 8 分钟，答题时间 15 分钟。

导 读

恋爱与结婚本来是个人问题，但在中国，一个人如果到了适婚年龄还未结婚，父母恐怕比子女更着急。家长们想出各种手段、运用各种人脉、动员一切力量帮孩子寻找结婚对象，真是可怜天下父母心啊！

读前准备

1. 读出下面这些结识结婚对象的方式，说说你最不能接受哪一种？

征婚广告	相亲节目	联谊活动
婚恋网站	友人介绍	旅行邂逅

2. 介绍一下你们国家近年来婚姻观念的发展变化。

课 文

1 大龄单身青年怕过节，无论什么节，对于大龄“剩男”“剩女”来说，似乎都变成了“逼婚节”。过节回家，单身的他们和她们免不了为此被父母唠叨一顿，逼交友、逼恋爱、逼结婚，单身似乎成了一种罪。

2 有人调侃说，在中国人的传统观念里，不结婚就等于“不正常”，结了婚不生孩子则被视为“不孝”。于是，春节、情人节、端午节、中秋节……，都成了“审判”这些“不正常”和“不孝”的法定日子。尤其是那些所谓的“剩男”“剩女”，更是成为重点讨伐对象，种种无奈和心酸汇成一句话——“中国式逼婚”猛于虎也！

3 如今，一个人的婚事受到整个家庭的关注，千百万个家庭的关注汇聚起来，又演变成了整个社会的话题。正式场合，非正式场合，酒桌上，火车上，坐着，站着，闲聊着……，说来说去就说到了婚姻话题，让人防不胜防，单身男女稍不小心就会成为全家人声讨的对象。“中国式逼婚”真是无处不在，无时不在。

4　时间一长，再淡定的心也乱了。笔者的一个朋友，才貌俱佳，从大学到现在，不是在恋爱，就是在失恋，可就是没有修成正果，前几年还超级淡定，常挂在嘴边的一句话就是“宁缺毋滥”。今年眼看就奔 30 岁了，父母、亲戚全都急了，纷纷当起了红娘，朋友开玩笑说，现在不是在相亲就是在去相亲的路上。

5　被“逼”之下匆忙结婚，两个人面没见过几次，彼此的脾气、性格尚未搞清，这样的婚姻幸福指数会高吗？父母们也应该好好想想。而面对可怜天下的“父母心”，被逼婚的你该怎么办呢？

（改自闽西新闻网）

生　词

1. 逼	bī	（动）	逼迫；给人以威胁。◇～婚 | 为生活所～
2. 唠叨	láodao	（动）	说起来没完没了。◇～个不停 | ～了半天
3. 调侃	tiáokǎn	（动）	用言语和他人开玩笑或戏弄；嘲笑。◇～的语气 | 喜欢拿朋友～
4. 孝	xiào	（动）	孝顺；尽心奉养父母，顺从父母的意志。◇～子 | ～道
5. 审判	shěnpàn	（动）	对案件进行审理并加以判决。◇公开～ | 受到～
6. 所谓	suǒwèi	（形）	属性词。（某些人）所说的（含不承认意）。◇～的“聪明”
7. 讨伐	tǎofá	（动）	出兵攻打（敌人或叛逆）；谴责。◇遭到网友～ | 出兵～
8. 无奈	wúnài	（动）	无可奈何；没有办法。◇万般～ | 出于～
9. 心酸	xīnsuān	（形）	心里悲痛。◇感到～ | 让人～落泪的故事
10. 汇	huì	（动）	聚集；聚合。◇～成一条河
11. 猛	měng	（形）	猛烈；力量大。◇～虎 | 用力过～ | 风刮得很～
12. 关注	guānzhù	（动）	关心注意；重视。◇十分～ | 引起～ | ～食品安全
13. 汇聚	huìjù	（动）	聚集。◇～一堂 | 把大家的力量～起来
14. 演变	yǎnbiàn	（动）	发展变化（指历时较久的）。◇不断～ | 汉字的～

15. 声讨	shēngtǎo	（动）	公开谴责。◇～恐怖主义 | 进行～
16. 超级	chāojí	（形）	属性词。超出一般等级的。◇～市场 | ～大国
17. 淡定	dàndìng	（形）	（心情、态度等）淡然而平静。◇神情～ | 十分～

语言点

一、所谓

“谓”是“说”的意思，“所谓”就是“通常所说的”，多用于提出需要解释的词语，接着进行解释，如“所谓共识，就是针对某一事件双方形成的共同认识”。有时含不承认、不同意某种说法之意，如“有的家长为了帮助孩子提高学习成绩，给孩子服用一种所谓的‘聪明药’”。

◆ 完成下面含有“所谓”的句子。

1. 所谓第六感觉，是指 ________________________。
2. 所谓剩女，是指 ________________________。
3. 古代所谓的“菜”，仅指 ________________________，不包括肉类。
4. 很多时候，所谓的“压力”，都是 ________________________。

二、之＋方位词

“之”是古汉语遗留下来的，常用作代词，代替人或事物，如“主人公命运悲惨，观众无不为之感动”；“之”还常用作结构助词，大致相当于现代汉语的“的”，如“大旱之年”“国之瑰宝”；此外，“之”还可用在单音节方位词前，常见的有“之上”“之下”“之间”“之中”“之内”“之外”“之前”“之后”等。

◆ 选择合适的词语填空。

1. 两点______的距离以直线为最短。（A 之间　B 之中）
2. 俗话说，重赏______，必有勇夫。（A 之上　B 之下）
3. 除此______，大家还有什么需要补充的吗？（A 之外　B 之内）
4. 考试______，应保持日常作息时间，最好不要熬夜。（A 之后　B 之前）

读后练习

一、根据课文内容，选择正确答案。

1. 关于“逼婚”，下面哪种说法正确？　　（　　）

A “逼婚”指的是大龄单身青年被父母催促结婚
B 为了逃避“逼婚”，“剩男”“剩女”们连节日都不敢回家
C 因为“逼婚”常常发生在节日，所以各种节日都被称为“逼婚节”
D 在中国，单身是一种违法行为，所以父母才逼大龄子女结婚

2. 关于传统的婚姻观念，与课文不符的是：　　（　　）

A 不结婚被视为一种“不正常”的行为
B 结了婚不生孩子被视为一种“不孝”的行为
C 不结婚或者结了婚不生孩子的做法不被接受
D “剩男”“剩女”总是喜欢批判别人

3. 以下哪一句最能概括“中国式逼婚”的特点？　　（　　）

A 单身男女往往会成为全家人声讨的对象
B 一个人的婚事会受到整个家庭的关注
C 人们在各种场合谈论婚姻这个话题
D 无处不在，无时不在，防不胜防

4. 关于笔者的朋友，与课文不符的是：　　（　　）

A 年满 30 岁，未婚，才貌俱佳　　B 从大学到现在谈过好几场恋爱
C 前几年对自己的婚事不太着急　　D 现在她每天都忙于相亲

5. 文章的结尾，作者呼吁：　　（　　）

A 中国式逼婚猛于虎　　B 破除陈旧的婚姻观
C 父母不要再逼婚　　D 年轻人追求婚姻自由

二、选择与目标词语意思相近的一项。

1. 唠叨	A 谈论	B 批评	C 絮叨	D 劳动
2. 调侃	A 嘲弄	B 吹牛	C 调皮	D 淘气
3. 讨伐	A 讨论	B 砍伐	C 讨厌	D 声讨
4. 心酸	A 辛苦	B 难过	C 酸疼	D 心脏

5. 关注　A 重视　B 关键　C 注视　D 关照
6. 汇聚　A 聚会　B 团聚　C 汇合　D 汇报
7. 演变　A 表演　B 演化　C 改变　D 演出
8. 淡定　A 清淡　B 冷淡　C 安定　D 冷静

三、选择加点词语的正确解释。

1. 单身的他们和她们免不了为此被父母唠叨一顿。（　　）

A 因为　B 所以　C 因此　D 从此

2. “中国式逼婚”猛于虎也！（　　）

A 比　B 如　C 像　D 更

3. 说来说去就说到了婚姻话题，让人防不胜防。（　　）

A 防守失误　B 时刻小心提防
C 失去控制　D 防备不过来

4. “中国式逼婚”真是无处不在，无时不在。（　　）

A 哪里都找不到　B 随时随地都存在
C 受到时空限制　D 任何时候都不存在

5. 从大学到现在，不是在恋爱，就是在失恋，可就是没有修成正果。（　　）

A 出家修行　B 步入婚姻　C 远嫁他乡　D 为人父母

6. 常挂在嘴边的一句话就是“宁缺毋滥”。（　　）

A 宁可没有也不要质量差的　B “有”总比“没有”好
C 不能随随便便行事　D 一样也不能少，该有的都要有

7. 父母、亲戚全都急了，纷纷当起了红娘。（　　）

A 伴娘　B 助理　C 中介　D 媒人

8. 彼此的脾气、性格尚未搞清，这样的婚姻幸福指数会高吗？（　　）

A 某一数值与作为比较基准的另一数值的比率
B 某一类事物在整体中所占的分量
C 作为计算标准的数目
D 表示次序的数目

四、选择与句中加点词语意思相同的一个，并说明其他三个的意思。

1. 单身的他们和她们免不了为此被父母唠叨一顿。（　　）

A 因为没有按时完成作业，小明挨了一顿批评。

B 战友们都踊跃参与了救援行动，正在休假的我顿感羞愧。

C 听到记者的提问，发言人稍微顿了一下，才开始作答。

D 这次投资损失惨重，老李急得捶胸顿足。

2. 尤其是那些所谓的“剩男”“剩女”，更是成为重点讨伐对象。（　　）

A 即日起，本公司正式更名为“光明有限责任公司”。

B 深更半夜的，把音乐开这么大声，这不是扰民吗？

C 犬子少不更事，多有冒犯，还请先生见谅。

D 近来不文明旅游现象时有发生，更有甚者，攀爬雕塑进行拍照。

3. 朋友开玩笑说，现在不是在相亲就是在去相亲的路上。（　　）

A 一家人相亲相爱，其乐融融。

B 瞧这孩子，站没站相，坐没坐相，一点儿规矩都没有。

C 昨天我相中一件大衣，可是价钱太贵了，没舍得买。

D 俗话说“吉人自有天相”，一看您就是个有福之人。

五、根据课文内容，从以下三个方面归纳“剩男”“剩女”受到的逼婚压力。

1. 传统观念：________________________________

2. 家庭：________________________________

3. 社会：________________________________

六、分组讨论。

在你们国家，如果子女过了适婚年龄仍未结婚，会不会有来自父母或社会的压力？

泛读篇

有情人终成眷属

阅读要求：525 字，阅读时间 8 分钟，答题时间 15 分钟。

导　读

24 集电视连续剧《租个女友回家过年》是一部爱情剧。该剧将北京现代都市文化与龙门小镇古色古香的传统文化结合起来，讲述了一个追求真爱的故事。

读前准备

1. 读出这些电视剧的题材类型，说说你比较喜欢哪一种？

爱情片	古装片	战争片	警匪片
科幻片	武侠片	恐怖片	喜剧片

2. 介绍一部你最近看过的电视连续剧。

课　文

龙门古镇的孙翌伟从清华大学汽车制造专业毕业后出国留学，回国后在北京的一家 IT 企业工作。由于被初恋女友佟洁抛弃，集海归、IT 精英、帅哥于一身的孙翌伟居然成了“剩男”，30 多岁还未成家，家人最盼望的就是他能带个媳妇回家过年。

迫于父母的压力，孙翌伟奔波于各种相亲场所，参加各种形式的相亲活动，但都没有成功。春节临近，孙翌伟决定在网上租个女友，带回龙门老家过年。

从小在北京过着富裕生活的 80 后女生楚笑笑，由于家庭发生变故，为了挣钱还债应租成为孙翌伟的“女朋友”，二人一起回到龙门古镇过年。思想传统的孙父孙母，让笑笑吃了不少苦头……经历了重重困难后，孙翌伟和楚笑笑在不知不觉中爱上了对方。

但就在此时，孙翌伟的前女友佟洁却再次出现，笑笑的追债人也找上门，“租女友”的谎言被拆穿，孙父气得住进了医院，楚笑笑也成了众矢之的。楚笑笑的妈妈要赔偿债主 50 万，孙翌伟义无反顾地帮笑笑到处筹钱，笑笑深受感动……

佟洁身患绝症的消息传出，笑笑决定离开孙翌伟去美国念书。孙翌伟急忙去机场找笑笑，但飞机已离去……孙翌伟陪伴佟洁走过了生命的最后时光。

一年后笑笑从美国回来，孙翌伟出现在机场，一场浪漫的求婚上演，笑笑幸福地答应了……伴着亲友的祝福，这对新人从北京回到龙门举行婚礼，有情人终成眷属。

（改自搜狗百科网）

生　词

眷属 juànshǔ	镇 zhèn	抛弃 pāoqì	精英 jīngyīng
迫于 pòyú	奔波 bēnbō	变故 biàngù	还债 huánzhài
拆穿 chāichuān	众矢之的 zhòngshǐzhīdì	赔偿 péicháng	筹 chóu
患 huàn	绝症 juézhèng		

注释：

1. 孙翌伟 Sūn Yìwěi: 人名。
2. 佟洁 Tóng Jié: 人名。

读后练习

一、回答问题。

1.《租个女友回家过年》这部电视剧的三位主人公叫什么名字？
2. 男主人公孙翌伟的老家在哪儿？故事的结尾孙翌伟跟谁结婚了？
3. 女主人公楚笑笑为何应租成为孙翌伟的“女朋友”？

二、判断正误。

1. 孙翌伟学的是汽车制造专业，回国后从事的却是IT行业。（　　）
2. 因为自身条件差，孙翌伟虽然到处相亲，却找不到结婚对象。（　　）
3. 为了春节回家应付父母，孙翌伟在网上租了一个女朋友。（　　）
4. 楚笑笑家突遭变故，现在需要挣钱还债。（　　）
5. 孙翌伟的父亲思想传统，无法接受楚笑笑，气得住进了医院。（　　）
6. 佟洁在得知自己患病后又来找孙翌伟，二人再续前缘。（　　）
7. 为了帮助楚笑笑的母亲，孙翌伟帮楚笑笑到处筹钱。（　　）
8. 楚笑笑从美国留学回来后，在机场跟孙翌伟举行了婚礼。（　　）

三、选择加点词语的正确解释。

1. 迫于父母的压力，孙翌伟奔波于各种相亲场所。（　　）

A 为某事而往来忙碌　　B 走投无路，乱打乱撞
C 为某事而四处求援　　D 尽情展现，无拘无束

2. 经历了重重困难后，孙翌伟和楚笑笑在不知不觉中爱上了对方。（　　）

A 沉重的　　B 一层又一层
C 巨大的　　D 一遍又一遍

3. 笑笑的追债人也找上门。（　　）

A 收取高额利息的贷款者　　B 追赶并抢夺他人钱财的人
C 支付高额利息的借款者　　D 上门向借款人讨要欠款的人

4. "租女友"的谎言被拆穿，孙父气得住进了医院。（　　）

A 解释　　B 揭露　　C 分析　　D 编造

5. 孙翌伟义无反顾地帮笑笑到处筹钱。（　　）

A 勇往直前，毫不退缩　　B 下定决心，战胜对手
C 意气用事，不计后果　　D 犹犹豫豫，踟蹰不前

6. 佟洁身患绝症的消息传出。（　　）

A 身不由己　　B 身体丧失活动能力
C 身负重伤　　D 得了无法治愈的疾病

四、选择句子的正确解释。

1. 孙翌伟集海归、IT 精英、帅哥于一身。　（　　）

A 孙翌伟长得帅，常去海滨，喜欢玩电脑。

B 孙翌伟是海外华人，就职于 IT 公司，长得还很帅。

C 孙翌伟不但长得帅，而且是有海外留学背景的 IT 界优秀人才。

D 孙翌伟的哥哥很帅，出国留过学，现在是 IT 精英。

2. 楚笑笑也成了众矢之的。　（　　）

A 大家都同情楚笑笑。

B 大家都拿楚笑笑做文章。

C 楚笑笑也成了大家眼中的名人。

D 楚笑笑也成了大家集中攻击批评的对象。

3. 有情人终成眷属。　（　　）

A 彼此相爱的两个人终于生活在一起了。

B 彼此相爱的两个人最终各奔东西了。

C 彼此相爱的人总是恋恋不舍。

D 最后还是跟情人分手了。

读报篇

全国离婚率持续上升

阅读要求：380 字，阅读时间 5 分钟，答题时间 12 分钟。

核心提示：民政部发布的《2014 年社会服务发展统计公报》显示，2014 年全国共依法办理离婚登记 363.7 万对。数据表明，从 2002 年至 2014 年，我国离婚率连续 12 年呈递增趋势。

记者查阅 2002 年至 2014 年的数据发现，我国离婚率连续 12 年逐年递增。离婚人数更是持续走高，从 2010 年的 267.8 万对增加至 2014 年的 363.7 万对。

2013 年，全国依法办理离婚手续的共有 350 万对，比上一年增长 12.8%，为增幅最大的年份。北京市 2013 年的离婚人数从上年的 3 万多对增长至 5.4 万对，增幅最大。上海市当年办理离婚的人数超过了 6 万对，为该市史上最高。广州 2013 年办理离婚登记的 2.5 万对，较上一年增长逾 4000 对，是 2003 年离婚数量的 5 倍。

中国法学会婚姻家庭法专家认为，2003 年颁布的《婚姻登记条例》大大简化了离婚手续，离婚无须等待一个月的审查，也不用介绍信。2011 年出台的《婚姻法司法解释（三）》使离婚涉及的财产分割更容易了，这些都是近年来离婚数量上升的重要原因。不过相对于离婚程序和财产分割的简化，该专家认为，导致中国近年来离婚数量增加的主要原因还在于社会节奏加快以及社会观念的变化。此外，婚外情增多也是导致离婚率上升的原因之一。

（改自《新文化报》）

读后练习

一、填空。

1. 离婚人数更是持续走高，从 2010 年的________对增加至 2014 年的________对。

2. 2013 年，全国依法办理离婚手续的共有________对，比上一年增长________，为增幅最大的年份。

3. 广州 2013 年办理离婚登记约________对，较上一年增长逾________对，是 2003 年离婚数量的________倍。

二、选择加点词语的正确解释。

1. 我国离婚率连续 12 年逐年递增。（　　）

A 一年一年地　　B 以往各年

C 多年以来　　D 连续多年

2. 比上一年增长 12.8%，为增幅最大的年份。　　（　　）

A 增加的宽度　　B 增加的数量

C 增加的幅度　　D 增加的速度

3. 为该市史上最高。　　（　　）

A 指跟对方有关的事物　　B 指上文说过的人或事物

C 指理所应当的　　D 指自己这一方面的

4. 较上一年增长逾 4000 对。　　（　　）

A 表示具有一定程度　　B 用于表示程度更深

C 表示程度不很深　　D 用于比较性状、程度

5. 较上一年增长逾 4000 对。　　（　　）

A 4000 多对　　B 接近 4000 对

C 4000 来对　　D 4000 对左右

6. 2011 年出台的《婚姻法司法解释（三）》使离婚涉及的财产分割更容易了。　　（　　）

A 政策等公布或实施　　B 演员走上舞台

C 官员出任某一官职　　D 政令等顺利执行

三、根据课文内容，选择正确答案。

1. 2010 年、2013 年、2014 年全国的离婚人数分别是：　　（　　）

A 267.8 人、350 人、363.7 人

B 267.8 万人、350 万人、363.7 万人

C 267.8 对、350 对、363.7 对

D 2678000 对、3500000 对、3637000 对

2. 下面哪个城市 2013 年离婚人数最多？　　（　　）

A 北京　　B 上海

C 广州　　D 不知道

3. 专家认为，导致离婚率上升的主要原因是：　　（　　）

A 2003 年颁布的《婚姻登记条例》大大简化了离婚手续

B 2011 年出台的《婚姻法司法解释（三）》使财产分割更容易了

C 社会节奏加快以及社会观念的变化

D 婚外情增多

4. 从这篇报道中我们无法了解的是：（ ）

A 2002 年至 2014 年全国离婚率持续上升

B 离婚率上升的原因

C 2013 年北京、上海、广州三座城市的离婚人数

D 中国人对待离婚的态度

四、以《我对离婚的看法》为题，写一篇 200 字左右的短文。

文言篇

鸡

阅读要求：30 字，阅读时间 5 分钟，答题时间 10 分钟。

- **一鸡行田畔，从容觅食，甚乐。忽过一鹰，奋然下，一招攫之而去。**
- **一鷄行田畔，從容覓食，甚樂。忽過一鷹，奮然下，一招攫之而去。**

一、选择加点词的正确解释。

1. 行	A 走	B 可以
2. 觅	A 发现	B 寻找
3. 甚	A 非常	B 比较
4. 攫	A 抓起	B 挖出
5. 去	A 离开	B 过去

二、选择正确答案。

1. 关于“鸡”，与课文不符的是： (　　)

A 鸡在田边走
B 鸡不慌不忙地寻找食物
C 鸡看到鹰以后很紧张
D 鸡被鹰抓走了

2. 关于“鹰”，与课文不符的是： (　　)

A 鹰发现了鸡
B 鹰飞下来吃掉了鸡
C 鹰迅速地飞下来
D 鹰抓起鸡飞走了

三、将繁体字与相应的简体字连起来。

鷄　　從　　覓　　樂　　過　　奮

乐　　过　　鸡　　觅　　奋　　从

四、将课文译成白话文。

单元练习

一、朗读词组或小句，注意词语的用法。

1. 似乎

单身～成了一种罪

这样做～不够理智

这个问题～不难解决

他～对前途失去了信心

2. 被视为

结了婚不生孩子～不孝

大哥大曾～身份和地位的象征

这条隧道～欧洲团结的象征

大熊猫～中国的和平使者

3. 所谓

～的"剩男""剩女"

～的"土鸡蛋"

～的"聪明水"

～的"学区房"

4. 宁……毋……

～缺～滥

～大～小

～多～少

～修～拆

5. 尚未

彼此的脾气、性格～搞清

结果～宣布

伤员～脱离生命危险

失事飞机残骸～找到

6. 集……于一身

～海归、IT 精英、帅哥～

～众多优秀品质～

～美貌、才华、演技～

～现代风格与传统风格～

7. 迫于

～父母的压力，她整日忙于相亲

～投资者的压力，该公司总裁辞职

不少贫困生～经济压力，中途退学

犯罪嫌疑人～压力，投案自首

8. 临近

春节～

高考～

暑期～

比赛～尾声

9. 呈

离婚率～递增趋势

检验结果～阳性

不明物体～椭圆形

市场～两极分化

10. 较

～上一年增长逾 4000 对

～前期有所下降

气温～往年偏高

水位～去年同期高出 1.5 米

二、选字填空。

汇	视	俱	挂	逾
集	迫	患	伴	呈

1. 北京生活成本高，许多留学生____于经济压力选择其他城市的学校。

2. 夜幕降临，大妈们聚集在广场上，____着欢快的音乐跳起了广场舞。

3. 华华常把“谢谢”____在嘴边，邻居们都说他是一个懂礼貌的好孩子。

4. 雁群在空中____“人”字形排列，因为这种队形可以帮助它们节省体力。

5. 为了迎接远道而来的朋友，李先生特地准备了一桌色、香、味____全的饭菜。

6. 身____小儿麻痹症的张海迪凭借顽强的毅力，自学多门外语，成为 20 世纪 80 年代中国青年学习的榜样。

7. 由郎平率领的中国女排实力不俗，被____为夺冠的一大热门。

8. 大型购物中心____购物、餐饮、休闲、娱乐于一身，是市民假日出行的好去处。

9. 张主任是神经内科专家，虽年____古稀，仍坚持工作，每周出三个半天门诊。

10. 湟水是黄河上游的一条主要支流，发源于青海省，于甘肃省永靖县____入黄河。

三、选词填空。

唠叨	关注	似乎	临近	汇聚
赔偿	无奈	抛弃	偶像	奔波

1. 他要求被告人________自己的经济损失，并公开道歉。

2. 李明希望进入北京大学学习，但因为分数不够，________地选择了天津大学。

3. 家长出于关心孩子往往会多说几句，但孩子常常嫌他们过于________。

4.《中国汉字听写大会》是一档教育类电视节目，播出后受到广泛________。

5. 明明是第一次来到这座城市，却感觉以前________来过一样。

6. 一个民族如果________传统、丢掉根本，就等于割断了自己的精神命脉。

7. 暑期________，各大旅行社又迎来了一年一度的旅游旺季。

8. 爱心捐款如暖流般________，短短三天就筹集到善款 30 多万元。

9. 快递员每天在烈日下________，将包裹送到收件人手中。

10. 他凭借健康、阳光的形象和高学历获得了这部电影中 IT________的角色。

四、近义词填空。

1. A 关注　B 注意　C 关心　D 关照

（1）只有________弱势群体，才能促进社会不断进步。
（2）此次科普产品展览会，3D 打印受到人们的广泛________。
（3）我是 24 号女嘉宾，初次见面请大家多多________。
（4）高速行车应当________保持合理的车距，以避免交通事故。

2. A 演变　B 变化　C 表演　D 演习

（1）哪些小病不重视最终会________为难以治愈的疾病呢？
（2）成功的机会永远留给那些拥抱________、渴望改变的人。
（3）在我的记忆里，儿时的第一次登台________有趣而又充满欢乐。
（4）这所小学每年都要定期组织消防安全________。

3. A 匆忙　B 慌忙　C 繁忙　D 连忙

（1）男子偷手机被发现后________逃窜，最终被赶来的警察抓获。
（2）见男子被压在了车底下，十几位群众________抬车救人。
（3）几十年前，这里还没有那么多耸立的高楼大厦，也没有如此________的交通。
（4）糟糕！早上走得________，燃气灶忘了关火。

4. A 重重　B 层层　C 连连　D 阵阵

（1）经过________选拔，最终有 10 位选手进入了决赛。
（2）股市________下跌，投资者的信心受到重创。
（3）一对有情人突破________阻力，举行了婚礼。
（4）伴随着闪电，天空中传来________雷声，雨却迟迟下不来。

5. A 数据　B 数字　C 数值　D 数量

（1）由于网上订单________过于巨大，快递公司积压了很多未投递商品。
（2）________“三”意蕴丰富，象征着吉祥和福气。
（3）网上信息太多、太杂，根本不知道哪一家提供的________可靠。
（4）所谓“腰围身高比”是用腰围除以身高得出的________。

HSK 拓展训练

一、选出有语病的一项。

1. A 中国茶艺与日本茶道各有各的独到之处。
   B 有的父母总是在吃饭的时候表扬或批评孩子。
   C 我们应该吃多水果，吃多蔬菜，喝多水。
   D 瑞士国土面积不大，但民族众多，语言也很丰富。

2. A 对于违法犯罪行为，必须坚决打击。
   B 能否有效控制饮食，可以让我们保持苗条的身材。
   C 小李虽然毕业于名牌大学，却一直找不到理想的工作。
   D 鲸鱼其实不是鱼，而是生活在海里的一种巨型哺乳动物。

二、选词填空。

1. 常吃不含脂肪的食物是不利于______的，因为某些维生素，如维生素 A、维生素 D、维生素 E 和维生素 K 都必须在有脂肪的条件下______被吸收和利用，______人体就会因为缺乏维生素而______相应的维生素缺乏症。

A 健康	才能	否则	患
B 智慧	就能	不然	生
C 身体	方能	不过	有
D 头脑	只能	而且	得

2. 青藏高原被______世界屋脊，以独特的人文和自然景观______，是科学探险、考察和生态旅游的胜地。而______青藏高原地区的形形色色的自然保护区，更是世界屋脊上生态环境奇特、生物资源丰富的自然资源______。

A 当成	举世无双	置于	宝贝
B 看成	远近闻名	居于	宝物
C 誉为	闻名于世	位于	宝库
D 称作	举世闻名	处于	宝箱

三、选句填空。

在云南省丽江市永胜县程海镇河口金兰村，有一个延续了五百多年的独特节日——“刀杆节”。每年农历八月十五，天刚亮，男女老少就（1）________________，汇集到“刀杆节”活动场所——天子寺。

首先，男女老少跳起传统的“龙摆舞”，表达心中的喜悦。接着，妇女按年龄顺序表演歌舞。随后参加“刀杆节”的人们在音乐声中携手挽臂，（2）________________——“打跳”。

夜幕降临时，天子寺的场地上燃起熊熊篝火，火旁（3）________________，鼓声、锣声、鞭炮声响成一片，小伙子们、姑娘们围着篝火跳起舞蹈。

在悠扬的笛声伴奏下，“爬刀杆”表演开始了。“刀杆”上共有36把锋利的钢刀，（4）________________，捆扎在14米高的两根木杆上，像一架锋利的“刀梯”。三个彝族女子和三个彝族汉子，赤着双脚、舞着大刀冲入院中，用锋利的钢刀划舌头、刺肚皮，却没有一丝血迹。接着将刀一丢，掷入火中，冲向刀杆，赤脚踩着刀杆的刀刃，（5）________________，一直爬到插满小红旗的刀梯顶端。

A 刀口向上，刀背向下

B 一级级地往上爬

C 跳起民族舞蹈

D 穿上民族服装

E 架起直立的刀杆

第6单元

语　言

精读篇

网络语言

阅读要求：695字，阅读时间10分钟，答题时间15分钟。

导 读

伴随着网络的发展，网络语言已成为一种不可忽视的现象。有的人喜欢，觉得它们生动有趣，具有时代特点；有的人不认可，认为这种语言既不规范，也不文明。那到底应该怎样看待网络语言呢？

读前准备

1. 猜一猜下面这些网络用语是什么意思。

886	菜鸟	BF	稀饭
老铁	童鞋	酱紫	马甲

2. 介绍几个你知道的中国网络流行语。这些流行语你是在哪里学到的？

课 文

- 昨天，姐姐带着她的BF来家里吃饭。
- 今天这场比赛好精彩，为球队打call。
- 谢谢你帮我搞定这件事，比心！
- 最近大家都在玩这款手游，你居然不知道，out了吧？

1 上面句子中加点的都是网络流行语，这些词语的意思你懂吗？"BF"是"boyfriend"的缩写；"打call"的意思是"加油喝彩"；"比心"的意思是"爱你"；"out"的意思是"落伍"。

2 面对层出不穷的网络语言，别说年长之人，即使是年轻人，也常常会摸不着头脑。网络语言，是伴随着网络的发展而兴起的一种有别于传统媒介的语言形式。自产生以来，它一直备受争议，人们对其褒贬不一。下面是三种不同职业者对网络语言的看法。

3　语言学家：广大网友使用网络语言，起初是为了提高网上聊天的效率，或是满足某种特定的需要，久而久之就形成了特定的语言。这些新词汇能流行多久，主要取决于它们自身的生命力，只有那些经得起时间检验、充满活力的网络语言，才能最终被广泛接受。但在此之前，我们要严格地将它与规范的语言区别开，防止其侵入课堂教学。

4　社会学学者：网络语言是计算机网络用户间的通用语言，不能简单地判定它是好或是坏。毕竟汉字输入起来有点烦琐，使用数字和字母来模拟某些发音，快速而方便。网络语言属于流行语，一般来说有一定"寿命"，更新很快，大家的新鲜劲儿一过，就"自生自灭"了。

5　中学语文教师：网络上流行着一些低俗损人的话语，这些不文明的骂人专用语污染了网络语言环境，实在令人忧虑。笔者所教的班级中就有学生直率地对我说："老师，网上聊天骂人很爽的……"有些学生成天沉迷于网络，肆意使用网络语言垃圾，在网上相互谩骂或人身攻击，并以此为乐，从而造成道德观、价值观和人生观的扭曲，这种情况不能不引起老师和家长的重视。

（改自《天府早报》，作者杨艳、刘思远）

生　词

1. 缩写	suōxiě	（名）	使用拼音文字的语言中，取原词语的一个或几个字母来表示这个词语。
2. 喝彩	hècǎi	（动）	大声叫好。◇齐声～ | 全场观众都喝起彩来
3. 兴起	xīngqǐ	（动）	开始出现并兴盛起来。◇渐渐～ | 国外～了一种新的健身方法
4. 媒介	méijiè	（名）	使双方（人或事物）发生关系的人或事物。◇新闻～
5. 争议	zhēngyì	（动）	争论。◇引起～ | 有～
6. 褒贬	bāobiǎn	（动）	评论好坏。◇～人物 | ～不一
7. 效率	xiàolǜ	（名）	单位时间里完成的工作量。◇工作～ | 提高～
8. 检验	jiǎnyàn	（动）	检查验看。◇食品～ | ～合格
9. 规范	guīfàn	（形）	符合约定俗成的标准。◇动作～ | ～的管理

10. 侵入	qīnrù	（动）	（有害的或外来的事物）进入（内部）。◇防止病菌～体内 | 冷空气～
11. 判定	pàndìng	（动）	分辨断定。◇～标准 | 这次交通事故～为他的责任
12. 模拟	mónǐ	（动）	模仿。◇～考试 | ～动作
13. 寿命	shòumìng	（名）	比喻使用的期限或存在的期限。◇手机电池的使用～大概是三年
14. 更新	gēngxīn	（动）	旧的去了，新的来到；除去旧的，换成新的。◇～技术
15. 低俗	dīsú	（形）	低级庸俗。◇语言～
16. 忧虑	yōulǜ	（动）	忧愁担心。◇令人～ | 为找工作～
17. 直率	zhíshuài	（形）	直爽坦率。◇性情～ | ～的语言
18. 沉迷	chénmí	（动）	深深地迷恋。◇～于游戏 | ～于酒色
19. 肆意	sìyì	（副）	不顾一切由着自己的性子（去做）。◇～攻击 | ～妄为
20. 谩骂	mànmà	（动）	用轻慢、嘲笑的态度骂。◇遭到～ | ～攻击
21. 扭曲	niǔqū	（动）	歪曲。◇～事实 | 性格～

语言点

一、取决于

“取决于”的意思是“由某人、某方面或某种情况来决定”，后面必带宾语。宾语分为几种情况：（1）宾语是名词或名词短语，如“成功取决于努力”“一个人的想法往往取决于他所在的位置”；（2）宾语是问句形式或包含两个意义对立的词，如“比赛的结果取决于队员如何发挥”“员工的收入取决于他能力的大小”；（3）主语是问句形式或包含两个意义对立的词，宾语是名词或名词短语，如“研究表明，生男生女取决于父亲”；（4）主语和宾语都是问句形式或包含两个意义对立的词，如“幸福不幸福不取决于钱的多少，而取决于你是不是满足”。

◆ 完成下面含有“取决于”的句子。

1. 成绩的好坏取决于____________。
2. 减肥能否成功取决于____________。
3. 一个公司的竞争力取决于____________。
4. 我认为，孩子懂不懂事主要取决于____________。

二、从而

连词，表示结果或进一步的行动，用于后一小句开头，沿用前一小句的主语，多用于书面语，如“他经常去中国各地旅游，从而加深了对中国的了解”“这个城市不断新修道路，从而减少了堵车现象”。

◆ 用“从而”完成下面的句子。

1. 他们不断调查研究，__________。
2. 这个企业生产假货，欺骗消费者，__________。
3. 这部电影故事有趣，演员表演精彩，__________。
4. 华为公司不断推出外形漂亮、功能先进的产品，__________。

读后练习

一、根据课文内容，选择正确答案。

1. 以下哪一个词语不属于流行语？（　　）

A 打 call　　B 搞定　　C out　　D 比心

2. 关于网络语言的特点，与课文不符的是：（　　）

A 网络语言是一种有别于传统媒介的语言形式
B 网络语言是一种经得起时间考验、充满活力的语言
C 网络语言是计算机网络用户间的通用语言
D 网络语言是一种更新很快的语言

3. 关于网络语言产生的原因，课文中没有提到的是：（　　）

A 网民以年轻人为主，他们追求新奇
B 为了提高网上聊天的效率
C 为了满足某种特定的需要
D 汉字输入烦琐，使用数字和字母更快速而方便

4. 关于网络语言带来的困扰，与课文不符的是：（　　）

A 网络语言层出不穷，让人们摸不着头脑
B 网络语言已经侵入了课堂教学
C 一些低俗的网络语言污染了网络语言环境
D 有些学生肆意使用网络语言垃圾相互谩骂或人身攻击

5. 对待网络语言，持坚决否定态度的是： （ ）

A 语言学家 B 社会学学者
C 中学语文教师 D 以上三种人

二、选择与目标词语意思相近的一项。

1. 争议 A 争斗 B 议论 C 争论 D 辩论
2. 检验 A 检查 B 实验 C 检测 D 考验
3. 判定 A 评判 B 判决 C 决定 D 确定
4. 模拟 A 代替 B 模型 C 模仿 D 虚拟
5. 忧虑 A 忧郁 B 心烦 C 考虑 D 担忧
6. 直率 A 率真 B 坦率 C 笔直 D 开朗
7. 沉迷 A 迷住 B 沉醉 C 喜欢 D 疯狂
8. 肆意 A 特意 B 大意 C 得意 D 随意

三、选择加点词语的正确解释。

1. "out"的意思是"落伍"。 （ ）

A 落下了东西 B 追不上队伍
C 跟不上流行 D 脑子不聪明

2. 面对层出不穷的网络语言。 （ ）

A 接连不断地出现 B 相互交织在一起
C 不停地发生变化 D 复杂而不容易理解

3. 即使是年轻人，也常常会摸不着头脑。 （ ）

A 记不住 B 不往脑子里进
C 不好意思使用 D 弄不清是怎么回事

4. 自产生以来，它一直备受争议，人们对其褒贬不一。 （ ）

A 有好的，有坏的 B 有表扬的，有批评的
C 有正面的，有负面的 D 有积极的，有消极的

5. 笔者所教的班级中就有学生直率地对我说…… （ ）

A 作者自称 B 用笔写字的人
C 语文老师自称 D 作家

6. 在网上相互谩骂或人身攻击，并以此为乐。（　　）

A 用言语侮辱他人　　B 用身体攻击别人

C 用武器攻击他人　　D 攻击别人的身体

四、选择与句中加点词语意思相同的一个，并说明其他三个的意思。

1. 面对层出不穷的网络语言，即使是年轻人，也常常会摸不着头脑。（　　）

A 改革开放改变了我的家乡贫穷落后的面貌。

B 面对穷凶极恶的歹徒，他勇敢地走了过去。

C 石油资源并不是无穷无尽的，应该倍加珍惜。

D 再富不能富孩子，再穷不能穷教育。

2. 但在此之前，我们要严格地将它与规范的语言区别开。（　　）

A 这个屋子将将能住三个人。

B 下个月我的父亲即将年满七十。

C 这次任务他格外卖力，想将功折罪以弥补上次的失败。

D 不到半个小时，他就将我的自行车修好了。

3. 有些学生成天沉迷于网络。（　　）

A 他活了 40 多岁，到现在还是一事无成。

B 孩子成人之后要面临各种困难和考验。

C 他不会开车，成年累月地骑着那辆破自行车。

D 几年不见，朋友的儿子竟长成了一个身高一米八几的大小伙子。

五、根据课文内容，简要归纳三位不同职业者对网络语言的看法。

1. 语言学家：______________________________

2. 社会学学者：______________________________

3. 中学语文教师：______________________________

六、分组讨论。

你平时使用网络语言吗？说说你们国家网络语言的使用情况。你对网络语言有什么看法？

泛读篇

广告中的成语误用

阅读要求：567字，阅读时间8分钟，答题时间15分钟。

导 读

成语，是汉语中特有的一种固定短语，大多来自于古代著作、历史故事和人们的口头故事。人们喜欢使用成语，因为三四个字就可以表达丰富而深刻的意思。然而，最近出现的成语乱用现象引起了人们的担忧。

读前准备

1. 读出下面这些成语，并说说它们的意思。

塞翁失马	画蛇添足	滥竽充数
杞人忧天	邯郸学步	狐假虎威

2. 从以上成语中选取一个，讲讲成语背后的故事。

课 文

1 一位小学生认为老师把成语“无与伦比”中的“伦”字写错了，老师让他写一个正确的，他大笔一挥，改成了“轮”。老师问全班同学：“是我写得对还是他写得对？”让老师颇感意外的是，全班同学一致认为老师写错了。

2 老师也不由得怀疑起自己来，拿出词典一查：“没错呀，是这个‘伦’呀！”一位同学疑惑地问：“会不会是词典搞错了？”其他同学也交头接耳起来：“电视里一晚要播出好几遍的广告，都是‘车’字旁的！”“报纸上也是这么写的！”“马路的广告牌上也写着呢！”

3 最近一段时间，一些商家为了追求广告效果，吸引消费者的“眼球”，玩起了文字游戏，给成语改字，比如：一种驱蚊器的广告词把“默默无闻”改成了“默默无蚊”；一种止咳药水的广告词把“刻不容缓”改成了“咳不容缓”；

一种热水器的广告词把“随心所欲”改成了“随心所浴”……

4 据说这些运用了“成语”的广告词对消费者有很强的吸引力，可以使一种默默无闻的产品一夜之间闻名全国。专家呼吁，这种所谓的“创意”成语，改变了成语的本义，是对传统文化的亵渎，应该禁止。有的广告人也指出，篡改成语其实是广告人偷懒的一种表现。

5 随意改变成语用字会造成语言使用的混乱，造成汉语的不规范。如果生活环境中充斥着用谐音篡改的成语，孩子们就会被误导，以为成语原本就是这样。

6 所以，商家们真的该仔细想一想：把别字连篇的成语当作产品的广告宣传语真的合适吗？

（改自《中国青年》，作者陈建军）

生 词

疑惑 yíhuò	驱蚊 qūwén	呼吁 hūyù	创意 chuàngyì
亵渎 xièdú	篡改 cuàngǎi	偷懒 tōulǎn	混乱 hùnluàn
充斥 chōngchì	谐音 xiéyīn	误导 wùdǎo	别字 biézì

读后练习

一、回答问题。

1. 成语“无与 lún 比”中的“lún”字应该怎么写？
2. 商家给成语改字的目的是什么？
3. 随意改变成语用字有什么不良影响？

二、判断正误。

1. 老师把成语“无与伦比”中的“伦”字写成了“轮”。 （ ）
2. 做广告的人不小心写错了“无与伦比”这个成语。 （ ）
3. 一些商家为了吸引消费者，喜欢玩文字游戏。 （ ）
4. 运用了“成语”的广告词对消费者有很强的吸引力。 （ ）

5. 专家呼吁，禁止在广告中使用成语。（　　）
6. 有的广告人也反对篡改成语。（　　）
7. 小学生已经被随意改变成语用字的广告误导了。（　　）
8. 商家应该反思将篡改的成语当作产品的广告宣传语的行为。（　　）

三、选择加点词语的正确解释。

1. 他大笔一挥，改成了“轮”。（　　）

A 拿着笔挥舞　　B 拿起笔来写
C 用笔指挥　　D 举着笔

2. 让老师颇感意外的是，全班同学一致认为老师写错了。（　　）

A 非常不高兴　　B 完全没想到
C 非常尴尬　　D 很不好意思

3. 老师也不由得怀疑起自己来。（　　）

A 不得不　　B 由不得
C 禁不住　　D 没有理由

4. 其他同学也交头接耳起来。（　　）

A 亲密地大声聊天　　B 悄悄说别人的坏话
C 低声告诉别人秘密　　D 凑近低声交谈

5. 这种所谓的“创意”成语，改变了成语的本义，是对传统文化的亵渎。（　　）

A 误解　　B 不尊敬　　C 破坏　　D 乱用

6. 篡改成语其实是广告人偷懒的一种表现。（　　）

A 曲解改动　　B 改正错误
C 巧妙改动　　D 反复修改

7. 如果生活环境中充斥着用谐音篡改的成语，孩子们就会被误导。（　　）

A 存在　　B 流行　　C 充满　　D 充足

8. 把别字连篇的成语当作产品的广告宣传语真的合适吗？（　　）

A 一篇又一篇　　B 连续两篇
C 充满整个篇幅　　D 连续许多篇

四、根据列出的释义写出课文里出现的成语。

1. 一刻也不能拖延，形容形势紧迫。 ____________
2. 不出名，不为人知。 ____________
3. 一切都由着自己的心意，想怎么做就怎么做。 ____________
4. 没有能比得上的。 ____________

读报篇

2016 年度汉字出炉

阅读要求：446 字，阅读时间 6 分钟，答题时间 12 分钟。

核心提示：《新周刊》杂志选出的 2016 中国年度汉字是“刷”。“汉语盘点 2016”选出的 2016 中国年度汉字是“规”。

“人人都是低头族，开会刷、乘车刷、工作刷、休闲刷、朋友聚会刷、家庭聚餐刷……刷，让我们对面不相识，让我们比邻若天涯。刷，成了我们日常生活中离不开的动作，成了网络时代的全民职业病。”刷是一个动词，它的宾语有很多，刷朋友圈、刷微博、刷淘宝、刷网剧、刷直播、刷二维码……微信和支付宝的二维码贴上了大街小巷每一家商户的柜台，刷二维码支付已经基本取代了现金和刷卡的地位。2016 年的年度节奏就是：刷刷刷。

“汉语盘点”活动由国家语言资源监测与研究中心、商务印书馆和人民网联合举办，自 2006 年以来已连续举办 11 届。当选“汉语盘点 2016”年度汉字的是“规”,“规矩”的“规”，体现了中华传统与时代需求的融合。老规矩，该坚持的要坚持；新规矩，是新时代的新要求。

年度汉字评选活动始于1995年，那一年日本汉字能力检定协会首次组织了“年度世态汉字”评选活动。后来，新加坡、马来西亚、中国也陆续开始举办这样的评选活动。日本汉字能力检定协会宣布，最能反映2016年日本世态的年度汉字为“金”。马来西亚、新加坡选出的年度汉字则分别为“贪”和“忧”。

读后练习

一、填空。

1.《新周刊》杂志选出的2016中国年度汉字是“________”。

2. 刷二维码支付已经基本________了现金和刷卡的________。

3. 当选“________2016”年度汉字的是“规”,“________”的“规”。

4. 最能________2016年日本世态的年度汉字为“________”。

二、选择加点词语的正确解释。

1. 2016年度汉字出炉。（　　）

A 从炉子里拿出来　　B 被发现

C 发明出来　　D 新产生出来

2. 人人都是低头族。（　　）

A 社会地位低下的人　　B 说话时总是低着头的人

C 以乞讨为生的人　　D 总是低头玩手机的人

3. 刷，让我们对面不相识，让我们比邻若天涯。（　　）

A 形容同生共死，交情深厚

B 虽然近在眼前，但感觉像在天边

C 指住在偏远不发达地区

D 虽然离得很远，但感觉就像邻居

4. 微信和支付宝的二维码贴上了大街小巷每一家商户的柜台。（　　）

A 城市里的各个地方　　B 市中心狭窄的胡同

C 自己住处的附近　　D 只可步行不能通车的小路

5.“汉语盘点”活动由国家语言资源监测与研究中心、商务印书馆和人民网联合举办。（　　）

A 同时　　B 接连

C 共同　　D 联系

6. 日本汉字能力检定协会宣布，最能反映 2016 年日本世态的年度汉字为“金”。（　　）

A 世界人民的态度　　B 社会的现实状况

C 对世界形势的看法　　D 全球的发展形势

三、根据课文内容，选择正确答案。

1. 关于年度汉字“刷”，与课文内容相符的是：（　　）

A 人们总是在各种场合刷手机

B 刷手机是网络工作者的职业病

C 刷，是一个动词，是花钱消费的意思

D 比起付现金来，刷卡和刷二维码更受欢迎

2. 关于“刷”字当选 2016 年度汉字，与课文内容相符的是：（　　）

A 刷，是网友投票选出的 2016 年度汉字

B 刷，是 2016 年选出的唯一一个年度汉字

C 刷，使人与人之间的关系变得疏远了

D 刷，代表了 2016 年人们忙碌的生活

3. 关于“汉语盘点”活动，以下哪种说法不正确？（　　）

A“汉语盘点”活动由三家机构联合举办

B 第 11 届“汉语盘点”活动于 2016 年举行

C“汉语盘点 2016”选出的年度汉字是“规矩”的“规”

D 选择“规”，是因为人们希望破除老规矩，建立新规矩

4. 关于其他国家的年度汉字评选活动，与课文不符的是：（　　）

A 日本是最先开展年度汉字评选活动的国家

B 日本政府认为，最能反映 2016 年日本世态的汉字是“金”

C 不同国家评选出的年度汉字各不相同

D 马来西亚、新加坡的 2016 年度汉字分别为“贪”和“忧”

四、以《汉字》为题，写一篇200字左右的短文。

文言篇

长子

阅读要求：35字，阅读时间5分钟，答题时间10分钟。

- 张君与其长子远出，一日归家，幼子见之，驰告其母曰："我父与我兄归矣。"
- 張君與其長子遠出，一日歸家，幼子見之，馳告其母曰："我父與我兄歸矣。"

一、选择加点词的正确解释。

1. 与　A 和　B 给
2. 归　A 到　B 回
3. 驰　A 马上　B 奔跑
4. 告　A 告诉　B 告状
5. 矣　A 吗　B 了

二、选择正确答案。

1. 关于"长子"，与课文不符的是：（　　）

A 长子姓张

B 长子出远门了

C 长子一个人回到了家

D 长子有个弟弟

2. 关于“幼子”，与课文不符的是：（　　）

A 幼子跟爸爸出门了

B 幼子的哥哥不在家

C 幼子跟母亲待在家里

D 幼子比妈妈先知道爸爸回来了

三、将繁体字与相应的简体字连起来。

張　　與　　長　　遠　　歸　　馳

长　　张　　驰　　远　　与　　归

四、将课文译成白话文。

单元练习

一、朗读词组或小句，注意词语的用法。

1. 有别于

～过去

～其他人

～一般情况

～传统做法

2. 久而久之

她总是一个人住，～就习惯了

每天锻炼，～你就会很健康

他们常一起吃饭，～就成了朋友

多跟中国人聊天儿，～口语就提高了

3. 取决于

成绩的好坏～努力的程度

收入的多少～你的价值

减肥能否成功～你的决心

我原不原谅～你的态度

4. 经得起

～考验

～诱惑

～风雨

～时间的检验

5. 属于

胜利～人民

这座楼～学校

成功～努力的人

这部手机不～你

6. 从而

他不断练习，～提高了汉语水平

我少吃多运动，～减轻了体重

公司引进了新技术，～提高了效率

汽车限行，～解决了堵车问题

7. 造成

～损失

～危害

～严重的后果

～不好的影响

8. 不由得

～叫了一声

～紧张起来

～笑出了声

～想起了过去

9. 一夜之间

妈妈的头发好像～全白了

花园里的花似乎～都开了

～，他成了全国闻名的人物

空气污染问题不是～就能解决的

10. 陆续

人们～离开了会场

我市各中小学校下周～开学

三座地铁站今年春季将～开工

同学们～走出考场

二、选字填空。

长	自	爽	颇	缓
改	始	挥	若	刷

1. 很多年轻人对手机游戏____感兴趣。
2. 请问，您是____卡还是付现金？
3. ____2015 年 6 月 1 日起，北京所有室内场所禁止吸烟。
4. 我妈妈从小就有心跳过____的毛病。
5. “天涯____比邻”表达了对远方友人的情谊。
6. “汉语桥——世界大学生中文比赛”____于 2002 年。
7. 我的哥哥____我三岁，他已经工作了。
8. 真倒霉！我把一道本来做对的题目____错了。
9. 夏天用凉水洗个澡是一件很____的事。
10. 李白____笔写下了这首传颂千古的杰作——《送友人》。

三、选词填空。

规范	更新	直率	效率	褒贬
意外	呼吁	亵渎	误导	充斥

1. 对每天要做的事情做一个计划，可以大大提高工作________。
2. 对于刚刚上映的这部影片，媒体________不一，评价有好有坏。
3. 这位作家的新书引起了不小的争议，有些人认为他________了传统文化。
4. 由于被广告所________，不少消费者购买了自己不需要的商品。
5. 目前网络上________着大量虚假信息，上网时要提高警惕，以免上当。
6. 我的朋友性格________，心里想什么就说什么。
7. 为治理空气污染，政府________市民每周少开一天车。
8. 某些手机软件会自动________，省去了用户的很多麻烦。
9. 这家旅行社以________的服务赢得了消费者的喜爱。
10. 路上出了点儿________，所以迟到了一个小时。

四、近义词填空。

1. A 争议　B 争论　C 竞争　D 议论

（1）面对激烈的市场________，很多公司不得不做出改变。
（2）有意见当面提，不要在背后________别人。
（3）关于这个历史问题，已经________了很长时间。
（4）该不该整容一直是个颇有________的话题。

2. A 检验　B 检查　C 检测　D 实验

（1）做完试卷后，小王又________了一遍。
（2）卫生部门这次________出了一些不合格食品。
（3）目前市场上很多手机都可以________空气质量。
（4）________证明，多睡觉能够提高人们的工作效率。

3. A 区别　B 差别　C 分别　D 辨别

（1）不同汉语水平的学生________编入了不同的班级。
（2）这两类问题的性质完全不同，我们应该________对待。
（3）学汉语的时候，要把每个声调________清楚。
（4）她整容前后的________真的很大。

4. A 满足　B 满意　C 美满　D 充满

（1）产品只有________人们某方面的需要，才能卖得好。
（2）谁不希望拥有________的婚姻生活呢？
（3）我们服务的目标就是让顾客________。
（4）过年时，大街小巷到处________了节日的气氛。

5. A 规范　B 规定　C 规矩　D 规则

（1）根据比赛________，选手入场的先后顺序由抽签决定。
（2）我们说话、写文章都要符合汉语的________。
（3）学生必须遵守学校的________，按时上课，不得旷课。
（4）他才来几天，不懂这里的________。

HSK 拓展训练

一、选出有语病的一项。

1. A 得不到反馈的练习，相当于对着空气练射门，无法通过结果来提高。

B 红酒的质量和冬季的降水量、生长期的温度以及收获期的降水量三个因素有关。

C 通过阅读这篇文章，让我懂得了如何讲好故事的秘诀。

D 发现自己的天赋，把你的天赋和工作结合起来，才能创造最大的价值。

2. A 如果你想提高自己的工资水平，最好学习那些稀缺的技能。

B 夏天蚊子喜欢咬你，主要取决于人体新陈代新、皮肤细菌等因素。

C 凡事都应该讲究“度”，如果不懂适可而止，最终吃亏的必然是自己。

D 穷人之所以贫穷，是因为他们的思维模式和富人有很大差异。

二、选词填空。

1. 我们知道，知识能力的增长，跟我们健身长肌肉的______类似。肌肉增长，需要大量的刻意训练来______肌纤维的生长，而理解力也需要大量的______思考和探究，来促进我们大脑反应能力的增长。

A 原因　　增强　　随意

B 理论　　强迫　　故意

C 原理　　刺激　　有意

D 机理　　鼓励　　特地

2. 羊群是一种很散乱的______，平时在一起总是盲目地左冲右撞，但______有一只头羊动起来，其他的羊也会______地一哄而上，全然不顾前面可能有狼或者不远处有更好的草。因此，“羊群效应”就是______人的一种从众心理。

A 集体　　万一　　铺天盖地　　象征

B 动物　　只要　　四面八方　　比方

C 结构　　假如　　陆陆续续　　说明

D 组织　　一旦　　不假思索　　比喻

三、选句填空。

洗脸这件小事，在中国，却有着巨大的南北差异。南方人习惯用水把毛巾浸湿了洗脸，而北方人更多喜欢直接用手洗脸，再用毛巾擦干。关于哪种洗脸方式更科学，有人力挺南方人的洗脸方式，因为和双手比起来，（1）________________，覆盖面积也更大，容易清除面部角质和污垢。但真是这样吗？最近有篇文章却否定了这种说法。

作者有两个理由：第一，专家认为，过度洗脸会导致过敏性皮炎。我们现代人的皮肤，不是清洁得不够，（2）________________。用湿毛巾搓脸会让面部过分清洁，刺激油脂的分泌。这么一来，我们的脸就变成了粉刺和青春痘的温床。所以用毛巾洗脸不仅起不到洗净的效果，（3）________________。

第二，毛巾常被放置在潮湿、闭塞的环境里，长期使用后，附着在毛巾上的皮脂、汗液、皮屑自然成了细菌和微生物的天堂。（4）________________，繁殖细菌的能力远大过于擦脸的干毛巾，如果不幸被白色念珠菌、大肠杆菌这类危害比较大的病毒侵蚀，（5）________________。

因此，最好的洗脸方式，就是用手洗脸，然后用干毛巾先把脸上的水吸干，再轻轻擦拭掉剩余的水分。

A 对脸部皮肤的危害就更严重了

B 而是“过度清洁”了

C 湿毛巾的摩擦力更强

D 用水浸泡过的湿毛巾

E 而且还会适得其反

第 7 单元

升 学

精读篇

考研心理问题解读

阅读要求：650字，阅读时间9分钟，答题时间15分钟。

导 读

“考研”，就是参加硕士研究生入学考试。究竟该不该考研，考哪个学校好，是关系到每一位大学生人生规划的重要问题。当今社会，年轻人就业变得越来越困难，为了应对越来越大的竞争压力，很多大学生从大一、大二就开始考虑考研问题了。

读前准备

1. 将下列考试的简称与其全称连起来。

中考	全国硕士研究生统一招生考试
高考	国家公务员考试
考研	高级中等学校招生考试
国考	普通高等学校招生全国统一考试

2. 简单介绍一下你们国家的研究生入学考试情况。

课 文

1 攀比不同于竞争，事事与人攀比，必定烦恼丛生。这里特将一些典型的实例拿出来，与正在准备考研的学子们分享，希望他们在考研路上多一份轻松的好心情！

2 杨同学：最近不知道怎么了，总忍不住和别人比。比如一天的复习结束后，大家会在临睡前交流一下复习情况，如果听到有人说今天又做了多少套题，记了多少知识点，而自己却还在原地徘徊不前时，便会莫名地恐慌，甚至有点儿恨对方。

3 心灵解读：嫉妒是人性的弱点之一，可以通过回避的方式来解决。比如，不谈类似的话题，或者跟不考研的同学交谈等。

4　陆同学：我的学习成绩只能算中等，报考普通大学的研究生还有希望，报考名校就有点儿吃力了。可是大家都报考了名校，如果我不报，又担心被别人比下去。我的家人对这件事也很看重，我不想父母因为这个问题在别人面前抬不起头来。

5　心灵解读：过分注意别人的看法，会导致虚荣心的产生。要根据自己的水平，报考力所能及的院校，千万不要因为面子，误了自己的前途。

6　周同学：最近一有人在我面前提起考研，我就烦；听到别人的复习进度，我更加紧张。这种心理已经持续了好几个星期，严重影响了我的睡眠。睡觉的时候，我的脑子里老是重复着一些画面，不是班里学霸的面孔，就是以前做过的试卷，甚至还经常做考零分的噩梦。

7　心灵解读：在巨大的心理压力之下，承受能力差的人会自我否定，对前途心灰意冷。其实，只要你相信自己有能力改变现状，糟糕的情形就会逐渐好转。

8　自我调节是解决考研心理问题的关键，具体的方法是：通过自我肯定增强自己的信心，变盲目地横向比较为纵向比较，和自己的昨天比，用自己的进步来鼓励自己。

（改自网易网“蓝十字心理援助计划”）

生　词

1. 解读	jiědú	（动）	分析；研究。◇～人生 | 考研心理问题～
2. 攀比	pānbǐ	（动）	不顾自身情况盲目与高标准相比。◇互相～ | ～之风愈演愈烈
3. 学子	xuézǐ	（名）	学生。◇莘莘～ | 帮助贫困～上大学
4. 分享	fēnxiǎng	（动）	和别人分着享受。◇～快乐 | ～到朋友圈
5. 徘徊	páihuái	（动）	在一个地方来回地走。◇反复～ | ～在月光下
6. 恐慌	kǒnghuāng	（形）	因担忧、害怕而慌张不安。◇过度～ | ～情绪正在蔓延
7. 心灵	xīnlíng	（名）	指内心、精神、思想等。◇～鸡汤 | 让温暖走进孤寡老人的～

8. 嫉妒	jídù	（动）	忌妒。◇遭人～ | 不要～同伴
9. 回避	huíbì	（动）	让开；躲开。◇～问题 | 无法～的事实
10. 报考	bàokǎo	（动）	报名投考。◇～公务员 | 欢迎广大学子～我校
11. 虚荣心	xūróngxīn	（名）	追求表面光鲜的心理。◇～太强 | 满足自己的～
12. 面子	miànzi	（名）	表面的虚荣。◇丢～ | 你这话伤了他的～
13. 进度	jìndù	（名）	工作等进行的速度。◇～很快 | 工作必须按照～完成
14. 持续	chíxù	（动）	延续不断。◇～发展 | 南方多地～强降雨
15. 睡眠	shuìmián	（名）	一种与醒交替出现的机能状态。◇～不足 | 老年人～质量调查
16. 面孔	miànkǒng	（名）	脸。◇和蔼的～ | 永远不会忘记这张～
17. 试卷	shìjuàn	（名）	供应试人写答案或应试人已写上答案的卷子。◇五张～ | 分发～
18. 噩梦	èmèng	（名）	可怕的梦。◇做～
19. 承受	chéngshòu	（动）	承担（任务、困难、压力等）；经受（考验等）。◇～巨大压力 | 难以～的痛苦
20. 关键	guānjiàn	（名）	比喻事物最紧要的部分；对情况起决定作用的因素。◇问题的～
21. 横向	héngxiàng	（形）	平行的；非上下级之间的。◇～页面 | ～课题
22. 纵向	zòngxiàng	（形）	非平行的；上下方向的。◇～思维 | ～比较

语言点

一、甚至

“甚至”，连词，用来强调突出的事例，如“北京的冬天很冷，一般在零度以下，有时甚至达到零下 15 度”。“甚至”常和“连”并用，如“他刚来中国时，甚至连一句汉语也不会说”。有时前一分句用“不但”，如“这一地区缺水，不但没有水浇地，甚至连喝的水也要到十几公里外去取”。

◆ 完成下面含有“甚至”的句子。

1. 我们这儿不但大人，甚至连__________。
2. 他比以前胖多了，甚至连__________。
3. 这个字不常用，甚至连__________。
4. 这场雪真大啊！听说有的地方甚至__________。

二、自我

“自我”，人称代词，意思是“自己”，多用在双音节动词前面，表示这个动作由自己发出，同时又以自己为对象。如“自我批评”就是“自己批评自己，即自觉地对自己的错误和缺点进行批评”;“自我反省”就是“回想自己的所作所为，检查其中的错误”。

◆ 选择合适的词语填空。

自我调节　　自我介绍　　自我管理　　自我否定

1. 首先，我们请各位参会者做一个简单的＿＿＿＿＿＿。
2. 糖尿病等慢性病患者在饮食和运动方面要学会＿＿＿＿＿＿。
3. 在巨大的心理压力下，承受能力差的人会＿＿＿＿＿＿。
4. 学会＿＿＿＿＿＿是解决心理问题的关键。

读后练习

一、根据课文内容，选择正确答案。

1. 关于杨同学，与课文不符的是：（　　）

   A 最近他总是忍不住和别人比

   B 临睡前他常常跟大家交流一下复习情况

   C 他的复习进度和其他同学相比并不慢

   D 他觉得很恐慌，甚至有点儿恨比自己复习得好的同学

2. 关于陆同学，与课文不符的是：（　　）

   A 他学习成绩中等，适合报考普通大学

   B 同学们都报考了名校，他担心自己被比下去

   C 因为家人很看重名校，所以他报考了名校

   D 他担心如果不报考名校，父母会在别人面前抬不起头来

3. 关于周同学，与课文不符的是：（　　）

   A 因为考研，他最近很烦，也很紧张

   B 他已经持续了好几个星期睡不好觉了

   C 他经常梦见自己考零分

   D 他恨班里学习成绩好的人

4. 以下几种考研心理问题，课文里没有提到的是： （ ）

A 恐慌嫉妒　　B 悲观厌世
C 虚荣心强　　D 自我否定

5. 以下建议哪一个是解决考研心理问题的关键？ （ ）

A 自我调节，通过自我肯定来增强自己的信心
B 回避考研话题，或者跟不考研的同学交谈等
C 根据自己的水平，报考力所能及的院校
D 相信自己有能力改变现状

二、选择与目标词语意思相近的一项。

1. 解读　A 了解　B 分析　C 阅读　D 解决
2. 攀比　A 攀登　B 比较　C 比喻　D 比方
3. 徘徊　A 仿佛　B 散步　C 转圈　D 来回
4. 嫉妒　A 痛苦　B 冷漠　C 忌妒　D 埋怨
5. 回避　A 躲藏　B 回顾　C 避开　D 逃跑
6. 面子　A 表面　B 脸面　C 面容　D 相貌
7. 承受　A 接受　B 承蒙　C 经受　D 承认
8. 关键　A 捷径　B 概要　C 关心　D 要点

三、选择加点词语的正确解释。

1. 事事与人攀比，必定烦恼从生。 （ ）

A 时隐时现　　B 从此产生
C 油然而生　　D 大量出现

2. 便会莫名地恐慌，甚至有点儿恨对方。 （ ）

A 无法用语言表达　　B 让人无法想象
C 让人无法理解　　D 没有比这更强大

3. 嫉妒是人性的弱点之一。 （ ）

A 人的个性　　B 人的性别
C 人的性格　　D 人的本性

4. 我不想父母因为这个问题在别人面前抬不起头来。（　　）

A 垂头丧气　　B 头也不回
C 无言以对　　D 脸上无光

5. 要根据自己的水平，报考力所能及的院校。（　　）

A 事情来得突然，来不及应对
B 尽最大努力去做
C 心里想做，但力量达不到
D 自己的力量有可能达到的

6. 我的脑子里老是重复着一些画面，不是班里学霸的面孔，就是以前做过的试卷。（　　）

A 学习好的人　　B 学习态度不好的人
C 占有学习资源的人　　D 天天学习的人

7. 承受能力差的人会自我否定，对前途心灰意冷。（　　）

A 失去信心　　B 非常冷淡
C 不知所措　　D 非常恐惧

8. 变盲目地横向比较为纵向比较。（　　）

A 比喻没有主见地跟随别人　　B 比喻主观上有意识地去做
C 比喻毫无目标，认识不清　　D 比喻坚定不移，毫不动摇

四、选择与句中加点词语意思相同的一个，并说明其他三个的意思。

1. 我的学习成绩只能算中等。（　　）

A 到底每天使用手机多长时间才算“手机控”？
B 这也就应了那句老话：“人算不如天算！”
C 算了，不等他了，来不及了，我们先走吧！
D 翻来覆去讨论了一个下午，总算把这个问题解决了。

2. 如果我不报，又担心被别人比下去。（　　）

A 演出结束后，全体演员登台谢幕，全场观众报以热烈的掌声。
B 报历史系的学生越来越少，第一志愿为历史系的趋近于零。
C 养老问题日益突出，比如很多养老服务医保报不了。
D 俗话说：冤冤相报何时了，得饶人处且饶人。

3. 糟糕的情形就会逐渐好转。（ ）

A 家里人说我死脑筋，遇事不会转弯，不够圆滑。

B 为什么汽车开得快时，车轮看起来好像在倒着转。

C 天气预报说，寒潮接近尾声，天气马上就要转暖啦！

D 在微信朋友圈转发谣言，是要承担法律责任的。

五、根据课文内容，简要归纳由于攀比造成的三种心理问题及解决方法。

1. 问题一：________________

2. 问题二：________________

3. 问题三：________________

六、分组讨论。

如果面临一个重要考试，你会感到很大的心理压力吗？这种时候，你会通过什么样的方式来给自己减轻压力？

泛读篇

陪读

阅读要求：638 字，阅读时间 9 分钟，答题时间 15 分钟。

导　读

“陪读”，顾名思义就是陪同孩子读书。家长对孩子的学习自觉性不放心，于是跟孩子一起租住在学校附近，照料孩子的生活，监督孩子的学习。人家能陪，我为何不能陪？再说，如果不陪，万一孩子考不上大学怎么办？

读前准备

1. 你认为以下哪方面是家庭教育的重点？

生活习惯	家务劳动	业余爱好
学习兴趣	道德品质	文化知识

2. 在你们国家，父母是怎样指导和监督孩子学习的？

课 文

1 为了孩子，蜗居在狭小的空间。照顾孩子，是她们每天共同的话题和任务。因为孩子，她们成为亲密无间的邻里。今日，17 名租住在某小区的陪读家长来到学校，拍下了一张她们的“毕业照”。

2 楼前的空地上，一群妇女围在一起，正喜笑颜开地传阅照片。看到记者，70 岁的杨阿香说：“大伙儿一起住在这里三年了，孩子高考完就要分开，非常舍不得，一起到学校拍了张‘毕业照’，纪念这段难忘的陪读生涯。孩子毕业了，我们也毕业了！”

3 推开杨阿香家的房门，记者看到屋子昏暗狭小。一把堆满书籍的条凳、一张小床、一张圆桌、一台冰箱，杨阿香一家四口就蜗居在这个小屋里。“我们山里人，不读书没有出路。”杨阿香的女儿刘女士说，“从幼儿园到高中，孩子每到一所学校，全家人就跟着在学校附近租房。”由于刘女士夫妇每天早出晚归，照顾外孙的重任就落在了杨阿香身上。她每天早上五点半就起床做早饭，一直忙活到晚上十点半，给孩子煮完夜宵才能休息。生活虽然艰苦，但让家人欣慰的是，孩子勤奋刻苦，学习成绩优异。

4 租住在这栋楼里的有 63 户，其中大部分都是母亲或是祖母前来陪读。68 岁的黄爱珠，儿子和儿媳长期在国外，只好由她来照顾快要高考的孙子。家住城区的姚女士，为了儿子，选择了三年的租房陪读生活。站在仅能容纳一人的厨房里，姚女士小心地捞起排骨汤上的油花。她告诉记者，要高考了，给孩子准备的饮食一定要清淡。

5 为了不影响孩子学习，陪读区每户都没有配电视和电脑。生活虽然单调，却拉近了邻里间的距离。杨阿香说：“今天高考完，大家月底就全搬走了，今后只能靠电话联系了。”

（改自《海峡都市报》）

生　词

蜗居 wōjū	邻里 línlǐ	传阅 chuányuè	生涯 shēngyá
昏暗 hūn'àn	狭小 xiáxiǎo	书籍 shūjí	条凳 tiáodèng
忙活 mánghuo	艰苦 jiānkǔ	勤奋 qínfèn	容纳 róngnà
捞 lāo	单调 dāndiào		

读后练习

一、回答问题。

1. 陪读家庭租住的房子条件怎么样？
2. 陪读区的邻里关系如何？
3. 陪孩子租房读书的大部分是哪些人？

二、判断正误。

1. 昨天，17 名学生和他们的家长在学校照了一张“毕业照”。（　　）
2. 记者到达时，家长们正在楼前空地上传阅“毕业照”。（　　）
3. 为了陪孙子读书，杨阿香一家三口租住在一个小屋里。（　　）
4. 从幼儿园到高中，为了陪孩子读书，杨阿香一家搬了好几次家。（　　）
5. 虽然照顾外孙很辛苦，但孩子的学习成绩让杨阿香很欣慰。（　　）
6. 黄爱珠的儿子和儿媳要去国外，不得不让母亲照顾孩子。（　　）
7. 姚女士很注意儿子的营养，她每天都给儿子炖排骨、煮夜宵。（　　）
8. 高考结束后，陪读家庭就会各奔东西，从此不再往来。（　　）

三、选择加点词语的正确解释。

1. 因为孩子，她们成为亲密无间的邻里。（　　）

A 关系亲密，没有隔阂　　B 互相之间，保守秘密

C 亲朋之间，不分彼此　　D 离得太近，没有空间

2. 一群妇女围在一起，正喜笑颜开地传阅照片。（　　）

A 观察脸色，猜测心意　　B 满脸笑容的样子

C 色彩丰富，种类繁多　　D 喜欢大笑

3. 一直忙活到晚上十点半，给孩子煮完夜宵才能休息。（ ）

A 宵夜　B 元宵　C 晚餐　D 快餐

4. 让家人欣慰的是，孩子勤奋刻苦，学习成绩优异。（ ）

A 新鲜而兴奋　B 兴奋而吃惊

C 吃惊而喜悦　D 喜悦而安心

5. 姚女士小心地捞起排骨汤上的油花。（ ）

A 溅起的油点　B 漂浮的油滴

C 油菜花儿　D 炸过的肉渣儿

6. 陪读区每户都没有配电视和电脑。（ ）

A 配置　B 搭配　C 般配　D 配合

四、选择句子的正确解释。

1. 不读书没有出路。（ ）

A 没有比读书更好的出路了

B 只有读书这一条路可以选择

C 只要读书就一定会有前途

D 除了读书以外，别的出路都不太好

2. 照顾外孙的重任就落在了杨阿香身上。（ ）

A 照顾外孙这一重要任务由杨阿香来承担

B 杨阿香的生活主要由外孙来负责照顾

C 照顾外孙让杨阿香的身体吃不消

D 外孙的重要任务是照顾杨阿香的身体

3. 生活虽然单调，却拉近了邻里间的距离。（ ）

A 邻居们住得虽然很近，但却生活得非常单调

B 尽管周围住着不少邻居，但仍无法摆脱单调的生活

C 单调的生活中，与邻居交流成了一种不得已的选择

D 单调的生活反而使邻里之间的关系更亲密了

读报篇

多地高考报名人数下降

阅读要求：425字，阅读时间6分钟，答题时间12分钟。

核心提示：2008年，全国高考报名人数为1050万，此后近十年再未达到这一历史峰值。针对高考报名人数减少的现状，有专家分析认为，其重要原因是适龄学生人数的下降，而这一趋势将一直延续到2020年前后。

2008年，全国高考报名人数达到历史峰值1050万；2008年后，报考人数连续五年下降；到2013年，报考人数只有912万人；2013年后，报考人数再度出现增长，2014年和2015年全国高考报名人数分别为939万和942万。

近些年，高考报名人数再难达到2008年的峰值已成事实。2014年，由中国教育在线发布的《2014年高招调查报告》曾分析称，高考生源减少的重要原因是适龄学生人数的下降，而这一趋势将一直延续到2020年前后。

以北京为例，2016年高考报名人数为6.1万人，比上一年减少了6000多人。这已是北京高考报名人数连续第十年下降。相较2006年的12.6万人，北京高考报名人数在十年间缩减了一半。从北京市的适龄人口变化趋势来看，未来几年北京高考报名人数下降的趋势不会改变。

高考报名人数的多少直接关系到高考录取率的变化，相比1977年恢复高考时不到5%的高考录取率，如今高考录取率高已是不争的事实。2011年以来，全国高考录取率均在70%以上。据教育部公布的数据，2015年高考报名人数为942万人，其中700万人能够最终进入大学，高考录取率达74.3%，其中本科366万人，高职334万人。

（改自中国新闻网）

读后练习

一、填空。

1. 2008 年，全国高考报名人数为________，此后近________再未达到这一历史峰值。

2. 2013 年、2014 年和 2015 年全国高考报名人数分别为__________、__________和________。

3. 2011 年以来，全国高考录取率均在 ___________ 以上；2015 年高考录取率达 ________。

二、选择加点词语的正确解释。

1. 全国高考报名人数达到历史峰值 1050 万。（　　）

A 平均值　B 最低值　C 目标值　D 最高值

2. 2013 年后，报考人数再度出现增长。（　　）

A 一再　B 再次　C 一度　D 再三

3. 高考生源减少的重要原因是适龄学生人数的下降。（　　）

A 在学学生平均年龄　B 超过一定年龄的

C 符合某一年龄段的　D 达到法定年龄的

4. 北京高考报名人数在十年间缩减了一半。（　　）

A 减少　B 缩小　C 缩短　D 收缩

5. 高考报名人数的多少直接关系到高考录取率的变化。（　　）

A 涉及　B 连接　C 反映　D 表现

6. 如今高考录取率高已是不争的事实。（　　）

A 无须争论　B 争论不休　C 无法改变　D 不值一提

三、根据课文内容，选择正确答案。

1. 关于全国高考报名人数，与课文不符的是：（　　）

A 2008 年，全国高考报名人数达到历史峰值

B 2008 年以来，报考人数一直下降

C 2013 年后，报考人数再度增长

D 2015 年比 2014 年报名人数有所增加

2. 关于北京的高考报名人数，与课文不符的是：（　　）

A 2016 年北京高考报名人数比 2015 年减少了 6000 多人

B 北京高考报名人数连续十年下降

C 北京高考报名人数在十年间翻了一番

D 未来几年北京高考报名人数将会继续下降

3. 关于高考录取率，与课文不符的是：（　　）

A 高考录取率与高考报名人数有关系　B 1977 年的高考录取率还不到 5%

C 中国高考录取率一直很低　D 考取本科与考取高职都算考上大学

4. 从这篇报道中我们无法了解的是：（　　）

A 高考报名人数的变化　B 高考命题阅卷方面的改革

C 高考录取率的变化　D 高考报考人数减少的原因

四、以《我看高考》为题，写一篇 200 字左右的短文。

文言篇

犬

阅读要求：35 字，阅读时间 5 分钟，答题时间 10 分钟。

- 一儿畜犬于家，系铜片于其颈，镌其名曰“黄小”。儿呼黄小，犬即摇尾而至。

- 一兒畜犬于家，繫銅片于其頸，鐫其名曰“黄小”。兒呼黄小，犬即摇尾而至。

一、选择加点词的正确解释。

1. 畜　A 培养　B 饲养
2. 颈　A 脖子　B 围脖
3. 镌　A 雕刻　B 书写
4. 即　A 将　B 便
5. 至　A 走开　B 来到

二、选择正确答案。

1. 关于“儿”，与课文不符的是：（　　）
   A 孩子在家里养了一条狗
   B 孩子经常带狗去散步
   C 孩子给狗做了一个名牌
   D 孩子一叫狗，狗就过来

2. 关于“犬”，与课文不符的是：（　　）
   A 狗的名字叫“小黄”
   B 狗的脖子上挂着一个铜牌
   C 狗听得懂它的名字
   D 狗摇着尾巴到孩子身旁

三、将繁体字与相应的简体字连起来。

兒　銅　頸　繫　鐫

颈　镌　儿　铜　系

四、将课文译成白话文。

单元练习

一、朗读词组或小句，注意词语的用法。

1. 不同于
   攀比～竞争
   结婚～恋爱
   这次～以往
   文艺片～商业片

2. 通过……（的）方式
   ～回避～
   ～抽签～
   ～不记名投票～
   ～开卷～

3. 盲目
   ～地与他人攀比
   ～地追求高消费
   ～地服用保健品
   ～地参加各种培训班

4. 在……（之）下
   ～巨大的心理压力～
   ～大家的鼓励～
   ～老师的启发～
   ～众目睽睽～

5. 变……为……
   ～横向比较～纵向比较
   ～粗放管理～精细化管理
   ～被动等投资～主动找投资
   ～小心保守～大胆创新

6. 段
   一～铁路
   一～音乐
   一～难忘的往事
   一～美好的回忆

7. 前来
   大批消防车～救援
   欢迎～咨询、洽谈业务
   ～参观的国内外代表团很多
   新书签售会有不少书友～捧场

8. 针对
   请大家～这个问题发表意见
   专家将～这个课题进行深入研究
   市政府将～这次事件展开调查
   ～儿童心理特点开发英语教材

9. 关系到
   食品卫生～每个人的健康
   良好的信用～你未来的生活质量
   基础教育～国家的未来
   肥胖不仅～美不美，更～是否健康

10. 率
   升学～
   出勤～
   产品合格～
   支持～不断提高

二、选字填空。

误	以	均	拍	落
捞	配	煮	争	据

1. 全球变暖已经成为了一个不____的事实，其形成与人类活动密切相关。

2. 盲目将自家孩子和别人家孩子比，会给孩子造成压力，甚至会____了孩子的前途。

3. 男子企图通过赌球大____一笔，不料却欠下巨额赌债。

4. ____知情人士透露，那个女明星几年前已经结婚了。

5. 今年上半年，国内游和出境游人数____实现了两位数增长。

6. 报告____北京为例，分析了智能出行平台对城市交通服务的改善。

7. 父母接连患病以后，赚钱养家的重任____在这个孩子的肩上。

8. 小李新租了一间公寓，房间里____有电视、冰箱、空调、洗衣机等家电。

9. 要____一部微电影，首先需要的是合作伙伴，其次是钱和器材。

10. 自从学会了自己____咖啡，我再也不喝速溶咖啡了。

三、选词填空。

关键	徘徊	回避	嫉妒	分享
容纳	欣慰	趋势	针对	延续

1. 我在就业和读研两个选择之间________，不知道怎么选择。

2. 新建成的体育馆能够________3000 人同时观看比赛。

3. 他新创作的小说________了以往的写作风格。

4. 让教练感到________的是，他的球队正在一步步扭转不利的局面。

5. 虽然这本书中也提到了管理问题，但它并不是________这一问题的专著。

6. 老师要求学生们观影后与家人________自己的感受。

7. 双方当事人均以身体不适为由________媒体采访。

8. 研究能否取得进展________看我们肯花费多长时间在所关注的课题上。

9. 你应该为朋友的成功感到高兴，而不是________他。

10. 通过这份报告，我们能够总结出过去十年互联网发展的________。

四、近义词填空。

1. A 面孔　B 面貌　C 面目　D 面子

（1）我注意到这个学期我们的班级里增加了几张新________。
（2）他都三十几岁了还没有结婚，这让他父母感到很没有________。
（3）这辆小轿车和大货车相撞后，变得________全非。
（4）经过了十年的发展，这座城市的________已经大大改观了。

2. A 持续　B 继续　C 陆续　D 连续

（1）没过多久，代表们________到达，并且都在自己的座位就座了。
（2）他一心想上名牌大学，但未能如愿，________三年落榜。
（3）如果中国队________保持领先地位，就会赢得这场比赛。
（4）天气预报说，这种闷热的天气将________一段时间。

3. A 艰苦　B 刻苦　C 辛苦　D 痛苦

（1）医生的工作很________，每天早出晚归，有时还要值夜班。
（2）经过一段________的旅程，船终于抵达了大陆。
（3）如果你不________训练，就无法成为一名优秀的运动员。
（4）这场战争给许多无辜的平民家庭带来了巨大的________。

4. A 段　B 截　C 节　D 股

（1）一________录音的曝光为案情带来了新的转机。
（2）受新一________冷空气影响，近日广州的气温会降至 10℃以下。
（3）骑行者远远看到路边横着一________木桩，骑到近处才发现是一条鳄鱼。
（4）据报道，今晨有一________火车车厢爆炸起火，导致 21 人烧伤、烫伤。

5. A 力所能及　B 力不从心　C 全力以赴　D 筋疲力尽

（1）医生连续加班 24 小时，在做完最后一台手术后，累得________。
（2）凭他的知识、能力和经验，担当这项工作确实________。
（3）父母应该从小培养孩子做________的家务。
（4）我会________做好这项工作，回报公司对我的信任和支持。

HSK 拓展训练

一、选出有语病的一项。

1. A 按照规定，必须修满 160 学分才能毕业。
   B 下雨天不容易打到出租车，我们还是坐地铁吧。
   C 改革开放以后，经过发展了 30 多年，中国经济取得了很大成就。
   D 救援队员们冒着大雨，克服困难，终于在规定时间内抵达了灾区，并立即开始救援工作。

2. A 改造新农村的任务之一就是使农村人口城镇化。
   B 奥运期间，北京城到处哪里都是志愿者的身影。
   C 每天步行 4000 步，一天的运动量基本上就够了。
   D 虽然北京的生活和美国的差距很大，但是我相信过一段时间以后我一定能适应这里的环境。

二、选词填空。

1. 日常生活的进行，______会因为一些习惯而停下来，例如，我们做家务、整理花园______工作中需要时间喝杯茶。我们在家的另一习惯是晚饭前来上一杯酒、一杯果汁或吃点______，这些是与任何人都能______的快乐。

A 时而	以及	等等	共同
B 往往	还是	东西	参与
C 时常	或者	什么	分享
D 一直	而且	点心	享受

2. 要培养孩子对各种事物______的好奇心和自觉性，必须让孩子从小学做家务，______之参与到真实的生活中，学会与人相处，学会计划性做事，学会自己生活，学会分享、同情及______义务，并在这______的家务中获得快乐和幸福。

A 旺盛	使	承担	点点滴滴
B 兴旺	令	担负	多多少少
C 饱满	对	负担	大大小小
D 充分	让	承受	轻轻松松

三、选句填空。

千千万万的宠物与饲养它们的主人居住在一起，（1）________________。由于人类生活条件的改变，尤其是中国这二十年经济突飞猛进的发展，我们的住房条件和环境卫生得到了巨大的改善，越来越多的国人开始饲养宠物，这些可爱的动物伴侣给我们的生活（2）________________。

但与此同时，有关宠物疾病威胁人类健康的报道也开始不断出现在媒体上，例如最近就有关于“孕妇饲养宠物容易引发婴儿脑瘫”的报道。这些问题的提出可以提醒饲养宠物的主人注意人与动物的卫生，但是也没有必要（3）________________。

就拿弓形虫来说，（4）________________，养宠物者如果不注意个人卫生也可能被携带弓形虫的动物传染。所以，饲养者要注意个人卫生，在接触宠物后、吃饭前及时洗手是必要的。但实际上，弓形虫并不是什么流行的恶性传染病，（5）________________，我们完全没有必要因噎废食，谈“宠”色变。

A 大量的调查资料表明
B 带来了无限的快乐
C 全世界都是这样
D 放弃养宠物带来的好处
E 很容易预防、诊断、治疗

第 8 单元

儿 童

精读篇

男女有别，切勿忽视

阅读要求：665 字，阅读时间 10 分钟，答题时间 15 分钟。

导　读

最近几年，社会上出现了一种“中性化焦虑”，即担心男生变得越来越不像男生、女生变得越来越不像女生，甚至有青少年教育工作者呼吁“拯救男孩”，认为男孩在生理、心理、学业以及社交方面都出现了重大危机。

读前准备

1. 读出下面的成语，并说说哪些用于男性？哪些用于女性？

窈窕淑女	风流倜傥	仪表堂堂
玉树临风	沉鱼落雁	闭月羞花

2. 你听说过“中性化”这个词吗？“中性化”有哪些表现？

课　文

1　近日，郑州一所中学试行新校规，规定男生应该阳刚，女生应该贤淑，并分别评选出 22 名“阳刚男生”和 22 名“贤淑女生”。针对这一举措，人们评价不一：有人认为学校多管闲事，有人认为学校小题大做，也有人鼓掌叫好。

2　为什么学校要以校规的形式来规定男生应该如何，女生应该如何呢？我想这一定是基于深刻的忧患意识。君不见，中小学生中，越来越多的男生不像男子汉，说话细声细气，动作扭扭捏捏；越来越多的女生说话粗声大气，举止豪放，简直就像假小子。

3　为什么会出现这种现象呢？原因主要有以下几个方面：

4　第一，学校教育忽视性别差异。男孩天生好动，现今的学校多采用的是适合女孩的教学方式，严格的课堂纪律束缚了他们。中小学男教师缺乏，使男孩失去了学习男子汉精神的榜样；而女教师过多，又让女孩认为女性更加权威。

5　第二，家庭中缺乏性别榜样。父亲和母亲，在儿童性别角色的建立过程中发挥着不同的作用，任意一方的缺席对儿童性别特征的建立都是不利的。现实状况是，越来越多的家庭，父亲淡出了孩子的视线，主要由母亲负责孩子的学习和生活。

6　第三，流行文化带来性别模糊。时下盛行选秀之风，对于个性的盲目追求已经带来了越来越多的问题，男孩女性化或中性化、女孩男性化的潮流也是造成男女性别特征模糊的重要因素之一。

7　性别教育已经成为我们面临的一个重大问题，为了培养未来的绅士和淑女，学校、家庭、社会应达成共识，为未成年人营造出一种积极、健康的环境。作为学校，以一种较为温和的方式去提倡男女性别特征的积极一面，也是顺应社会发展需要的，但是以校规的形式来规定男生应该怎样，女生应该怎样，是否合理呢？你怎么看？

（改自网易网教育频道）

生　词

1. 试行	shìxíng	（动）	尝试推行。◇先～，再推广 | 这项措施已经～了半年
2. 阳刚	yánggāng	（形）	（男子性格、气质、体魄）刚强。◇～之气
3. 贤淑	xiánshū	（形）	形容女子德行美好。◇～的妻子
4. 举措	jǔcuò	（名）	举动；措施。◇采取新～ | ～得当
5. 评价	píngjià	（动）	评定价值高低。◇～文学作品
6. 鼓掌	gǔzhǎng	（动）	拍手，表示高兴、欣赏、欢迎或感谢。◇热烈～ | ～欢迎
7. 意识	yìshi	（名）	对某一问题的认识和重视程度。◇环保～ | 参与～
8. 举止	jǔzhǐ	（名）	人的动作、姿态、风度等。◇行为～ | 言谈～文雅得体
9. 豪放	háofàng	（形）	气魄宏大而无拘无束。◇～的性格 | ～粗犷

10. 束缚	shùfù	（动）	捆绑；约束。◇～手脚 | 不要让条条框框把自己～住
11. 权威	quánwēi	（形）	具有使人信服的力量和威望。◇～著作 | ～人士
12. 任意	rènyì	（形）	属性词。没有任何条件的。◇～三角形 | 选择～一位嘉宾
13. 视线	shìxiàn	（名）	比喻注意的方向和目标。◇转移～ | 汽车开出了人们的～
14. 模糊	móhu	（形）	不明晰；不清楚。◇观点～ | 字迹～
15. 盛行	shèngxíng	（动）	广泛流行。◇～一时 | 学外语之风～
16. 潮流	cháoliú	（名）	比喻社会变动或发展的趋势。◇历史～ | 时代～
17. 绅士	shēnshì	（名）	称有现代文明修养的男士。◇～风度
18. 淑女	shūnǚ	（名）	贤良美好的女子。◇～风范 | 窈窕～
19. 营造	yíngzào	（动）	创造；构造。◇～文明的生活环境 | ～节日气氛
20. 提倡	tíchàng	（动）	指出事物的优点鼓励大家使用或实行。◇～勤俭节约
21. 顺应	shùnyìng	（动）	顺从；适应。◇～自然规律 | ～历史发展潮流

语言点

一、基于

介词，"由于；根据"，表示"以某种事实、事物或理论作为前提、基础或出发点"，如"基于以上理由，我不赞成他的意见""基于市场调查结果，我们对产品包装设计进行了修改""人脸识别是一项基于人的脸部特征进行身份识别的技术"等。

◆ 完成下面含有"基于"的句子。

1. 友情基于__________。
2. 这份报告是基于__________得出的结论。
3. 从营销角度看，任何产品都必须基于__________。
4. 基于上半年的经济数据，__________。

二、简直

副词，强调"完全如此或差不多如此"，含夸张语气，如"他的汉语说得很地道，简直听不出来是外国人"。"简直"常用于"是"字句，如"他整天就知道看书，简直是个书呆子"。"简直"也常用于"得"字句，可放在动词前，也可放在动词后，如"大家简直听得入了神"或"大家听得简直入了神"。

◆ 完成下面含有“简直”的句子。

1. 这部电影的故事太感人了，我感动得简直 ____________。

2. 骑了三个小时自行车，累得我简直 ____________。

3. 他在自家的阳台种出了西瓜，简直 ____________。

4. 他非常能干，干起活儿来简直 ____________。

读后练习

一、根据课文内容，选择正确答案。

1. 关于郑州一所中学的校规，与课文不符的是：　（　　）

A 新校规尚未正式实行

B 校规规定，男生应该阳刚，女生应该贤淑

C 学校评选出“阳刚男生”和“贤淑女生”共 22 名

D 对于该校的这一举措，有人支持，有人反对

2. 学校出台新校规的根本原因是：　（　　）

A 男生说话细声细气，动作扭扭捏捏

B 女生说话粗声大气，举止豪放

C 男生不像男子汉，女生像假小子

D 对学生男女性别意识模糊感到担忧

3. 造成“男生不像男子汉，女生像假小子”的原因不包括：　（　　）

A 严格的课堂纪律束缚了男生好动的天性

B 中小学男教师缺乏，女教师过多

C 学校里盛行女权主义思想

D 流行文化，特别是选秀之风的不良影响

4. 不利于男孩性别角色建立的因素有很多，课文中没有提到的是：　（　　）

A 现行的教学方式不适合男生

B 学校和家庭中缺少可以模仿的男子汉榜样

C 母亲溺爱儿子，使之难以独立

D 父亲在子女教育方面承担的责任越来越少

5. 关于未成年人性别教育，作者所持的态度是：（　　）

A 学校、家庭、社会应共同努力，培养未来的绅士和淑女

B 学校应该大力提倡男女性别特征积极的一面

C 学校应把“男孩应该阳刚，女孩应该贤淑”写入校规

D 学校不该干涉学生性别选择的自由

二、选择与目标词语意思相近的一项。

1. 举措	A 举办	B 措施	C 过错	D 措辞
2. 举止	A 停止	B 举行	C 举措	D 行为
3. 豪放	A 豪爽	B 开放	C 豪华	D 傲慢
4. 束缚	A 结束	B 包围	C 限制	D 限度
5. 视线	A 视野	B 视力	C 范围	D 眼线
6. 潮流	A 潮水	B 流行	C 水流	D 趋势
7. 营造	A 营业	B 创造	C 营养	D 改造
8. 提倡	A 提出	B 建议	C 支持	D 鼓励

三、选择加点词语的正确解释。

1. 有人认为学校小题大做。（　　）

A 比喻小的或差的跟大的或好的一比，就显得差得远了

B 把小事当作大事来办，有不值得这样做或有意扩大事态的意思

C 形容十分小心谨慎，丝毫不敢疏忽

D 比喻弱小的一方假装强大，以吓倒对方

2. 我想这一定是基于深刻的忧患意识。（　　）

A 因遭遇不幸而感到苦闷忧伤

B 对个人前途感到惶恐不安

C 为社会未来感到担忧的想法

D 对前途和未来充满信心

3. 君不见，中小学生中，越来越多的男生不像男子汉。（　　）

A 君子都不愿看到　　B 您难道没有看见吗？

C 皇帝总是看不到　　D 你为什么不见了？

4. 说话细声细气，动作扭扭捏捏。（　　）

A 形容言谈举止不大方　　B 走路时身体扭来扭去

C 形容动作不协调　　D 走路时身体东倒西歪

5. 学校教育忽视性别差异。（　　）

A 看不起　　B 不鼓励　　C 看不上　　D 不重视

6. 中小学男教师缺乏，使男孩失去了学习男子汉精神的榜样。（　　）

A 作为仿效对象的优秀人物或者事例

B 具有代表性的人物或事例

C 用来展示服装的人或人体模型

D 比喻被粉丝崇拜的名人

7. 越来越多的家庭，父亲淡出了孩子的视线。（　　）

A 孩子跑到了父亲看不到的地方

B 父亲找不到自己的孩子

C 父亲对待孩子态度很冷淡

D 父亲的角色缺失

8. 时下盛行选秀之风。（　　）

A 由媒体主导的评选外貌、歌唱或其他一技之长的活动

B 古代为皇帝选拔美女的宫廷活动

C 通过层层考试来发现并挑选合适人选

D 通过投票或举手方式选出代表或领袖

四、选择与句中加点词语意思相同的一个，并说明其他三个的意思。

1. 针对这一举措，人们评价不一。（　　）

A 这件事我本来不想让任何人知道，但是今天必须要说一说了。

B 我们俩每天坐一趟车上班，很快就成了熟人。

C 这片地区一下雨就积水，给附近居民带来很大不便。

D 小明从小就一心一意想当画家，现在终于实现了梦想。

2. 有人认为学校多管闲事。（　　）

A 父母外出打工没时间管孩子，孩子因此成为留守儿童。

B 中国北方一些地区管土豆叫山药蛋。

C 他上个月管我借的两百块钱现在还没还。

D 不管是刮风还是下雨，他每天都坚持出门锻炼。

3. 而女教师过多，又让女孩认为女性更加权威。 （　　）

A 明天一早咱们要赶飞机，你可别睡过了。

B 航班因为天气原因延误，我们在机场过了一夜。

C 你沿着这条路一直走，过两个路口就到地铁站了。

D 专家担心经济增长过快会引发新的问题。

五、根据课文内容，从以下三个方面归纳青少年性别意识模糊的原因。

1. 学校教育：________________________________

2. 家庭教育：________________________________

3. 社会风气：________________________________

六、分组讨论。

你同意“男孩应该阳刚，女孩应该贤淑”这种观点吗？学校评选“阳刚男生”“贤淑女生”是否属于性别歧视？

泛读篇

电影《海洋天堂》

阅读要求：665 字，阅读时间 10 分钟，答题时间 15 分钟。

导　读

《海洋天堂》是由薛晓路执导，李连杰、文章等主演的一部亲情电影，讲述了一位身患癌症的父亲独自守护孤独症儿子的感人故事。影片所反映的伟大父爱令观众潸然泪下，同时也让我们将目光投向这群活在自己世界里的孩子……

读前准备

1. 孤独症，也叫自闭症，以下哪些是自闭症儿童的表现？

不会与人交流	小动作多	重复某一动作
语言能力差	表情呆板	常与同伴打架

2. 介绍一下你们国家对自闭症儿童的救助措施。

课　文

1　汪洋大海之上飘荡着一叶孤舟，一位踌躇的父亲带着有天生缺陷的儿子，孤独地坐在船上，无望地看着辽阔的大海，然后牵起儿子的手，两人一齐跃身跳入大海……

2　这位 47 岁的父亲，名叫王心诚，他 22 岁的儿子大福，从小患有孤独症，完全活在自己封闭的世界里，无法独立生活。大福的妈妈在大福年幼的时候，因为承受不了儿子患病的打击自杀离世，王心诚独自一人把大福抚养长大，与儿子相依为命。然而此时，王心诚被确诊为癌症晚期，生命只剩几个月的时间。如何安置好大福的生活，成了王心诚的心头大事，万般无奈的他想带着大福一起离开这个世界，于是出现了文章开头的那一幕。

3　后来，经过多方打听，历尽周折，王心诚终于找到了一所能够接收大福的机构，却发现大福在这单调的环境中，如同离开了水的鱼，顿失生气。大福生性爱水，每天在父亲工作的海洋馆里畅游是他最快乐的时光。他在这里结识了唯一的朋友——表演杂技的玲玲，而大福也成了独自在异乡漂泊的玲玲最好的倾听者。

4　大福——一个沉溺于自己世界的孤独症孩子，他开心时，真诚的双眼让人温暖；他害怕时，大声地喊叫；他失落时，靠在麦当劳叔叔身上，眼中含着泪水……这一切都昭示着，他是一个和普通人一样有各种情感的孩子，只是他不知如何表达，于是选择了逃避，活在自己的世界里。

5　为了大福能够快乐地生活下去，王心诚为自己制订了最不可能完成的计划，教会大福在海洋馆“上班”。他费尽心力地教大福自己坐公交车去海洋馆，教大福在海洋馆擦地擦玻璃。为了不让大福感到孤独，他甚至不惜拖着病重的身体，背着自制的龟壳扮成海龟，陪着大福游泳。他告诉大福自己将会变成海龟，一直陪伴在他身边……

（改自新浪网）

生 词

汪洋 wāngyáng	飘荡 piāodàng	孤舟 gūzhōu	踌躇 chóuchú
缺陷 quēxiàn	辽阔 liáokuò	牵 qiān	跃 yuè
封闭 fēngbì	漂泊 piāobó	倾听 qīngtīng	沉溺 chénnì
逃避 táobì	扮 bàn		

读后练习

一、回答问题。

1.《海洋天堂》的三位主人公叫什么名字？
2. 儿子今年多大？从小患有什么病？
3. 父亲今年多大年纪？他被诊断出得了什么病？

二、判断正误。

1. 父亲带儿子坐船去看海，结果在海上迷失了方向。（ ）
2. 母亲在儿子很小的时候就离家出走了。（ ）
3. 父亲曾把儿子安置在一家机构，但儿子不习惯那里的生活。（ ）
4. 玲玲是在海洋馆工作的外地女孩，她常陪大福聊天。（ ）
5. 孤独症孩子也有各种情感，只是不知如何表达。（ ）
6. 父亲希望在自己离世前教会儿子在海洋馆上班。（ ）
7. 在海洋馆背着龟壳，扮成海龟表演游泳是父亲的工作。（ ）
8. 父亲去世后会变成海龟一直陪伴在儿子身边。（ ）

三、选择加点词语的正确解释。

1. 王心诚独自一人把大福抚养长大，与儿子相依为命。（ ）

A 相互推托，不负责任　　B 彼此忠诚，永不改变
C 互相帮助，努力打拼　　D 彼此依靠，谁也离不开谁

2. 然而此时，王心诚被确诊为癌症晚期。（　　）

A 错误地当成　　B 明确诊断为

C 研究并决定　　D 讨论并通过

3. 后来，经过多方打听，历尽周折，王心诚终于找到了一所能够接收大福的机构。（　　）

A 经历了许多曲折　　B 找遍了周围一带

C 花了好几个星期　　D 迷了好几次路

4. 大福在这单调的环境中，如同离开了水的鱼，顿失生气。（　　）

A 一下子就失去了活力　　B 一下子气就全消了

C 立刻感到浑身无力　　D 变得越来越生气

5. 大福生性爱水。（　　）

A 本来　　B 天生　　C 自然　　D 突然

6. 他失落时，靠在麦当劳叔叔身上，眼中含着泪水……（　　）

A 丢失　　B 落后　　C 空虚　　D 失眠

7. 这一切都昭示着，他是一个和普通人一样有各种情感的孩子。（　　）

A 不停地呼喊　　B 亲热地招呼

C 明白地表示　　D 大声地宣布

8. 他甚至不惜拖着病重的身体，背着自制的龟壳扮成海龟，陪着大福游泳。（　　）

A 可惜　　B 省得　　C 宁愿　　D 珍惜

四、选择句子的正确解释。

1. 大福的妈妈在大福年幼的时候，因为承受不了儿子患病的打击自杀离世。（　　）

A 大福的妈妈很小就患有孤独症，后来自杀了。

B 大福很小的时候，她的妈妈就自杀了，大福因此得了孤独症。

C 大福很小的时候，他的妈妈因他患有孤独症而自杀过。

D 大福患有孤独症对妈妈打击很大，她没有办法接受，在大福很小的时候就自杀了。

2. 而大福也成了独自在异乡漂泊的玲玲最好的倾听者。（ ）

A 玲玲独自一人在外工作生活，大福常常听她说话。

B 大福和玲玲到处流浪，成了一对无话不说的好朋友。

C 玲玲很会讲故事，大福最喜欢听玲玲讲故事。

D 玲玲没有办法一个人独自生活，她请大福帮助她。

3. 大福——一个沉溺于自己世界的孤独症孩子。（ ）

A 大福不喜欢外面的世界，他觉得孤独最好。

B 大福是一个患有孤独症的孩子，他不会跟周围人交流。

C 因为孤独，大福已经不习惯跟外面的世界交流了。

D 因为孤独，大福每天迷恋于网络世界。

读报篇

世界自闭症关注日：关爱自闭症儿童

阅读要求：468 字，阅读时间 7 分钟，答题时间 12 分钟。

核心提示：自 2008 年起，联合国将每年的 4 月 2 日定为"世界自闭症关注日"。2015 年 4 月 2 日是第八个世界自闭症关注日，世界卫生组织呼吁社会各界关爱自闭症儿童。

2007 年 12 月，联合国大会通过决议，从 2008 年起将每年的 4 月 2 日定为"世界自闭症关注日"。根据世界卫生组织统计，全球每 20 分钟就有一个自闭症孩子诞生，每 110 个人里面就有一名自闭症患者。

在 2015 年 4 月 2 日的世界自闭症关注日，《中国自闭症教育康复行业发展状况报告》发布，报告呼吁社会各界关注自闭症群体。报告显示，我国尚未开展针对自闭症的全国性流行病学调查。北京、深圳、广州等地的调查显示，自闭症比例约为 1%。以此推算，全国自闭症个体可能超过 1000 万，其中 0 至 14 岁儿童的数量超过 200 万。

自闭症的病因尚不明确，但可以肯定的是和遗传因素有关，一般第一胎且是男婴的几率较高，发病率在 4% 左右，男性出现自闭症的比例是女性的三四倍。大部分自闭症孩子，可能要接受数年甚至十多年的训练，而最终的成效，谁也无法预料。人力、财力的消耗是一个无底洞，这是自闭症儿童家庭背负的沉重包袱。

如果能对自闭症做到早认知、早干预、早训练，病症就能得到不同程度的控制和改善，有些自闭症患者甚至能自立地生活和工作。目前多数自闭症儿童在发现时已错过了最佳干预期，专家呼吁，我国应在儿童 9 个月时进行自闭症筛查。

（改自新华网，记者赵琬微）

读后练习

一、填空。

1. 自________起，联合国将每年的 4 月 2 日定为“________”。

2. 全球每________就有一个自闭症孩子诞生，每________人里面就有一名自闭症患者。

3. 北京、深圳、广州等地的调查显示，自闭症比例约为________。以此推算，全国自闭症个体可能超过________，其中 0 至 14 岁儿童的数量超过________。

二、选择加点词语的正确解释。

1.《中国自闭症教育康复行业发展状况报告》发布。　（　　）

A 机体一部分受损后重新长出新的

B 利用传统方式治疗

C 使已经丧失的功能得到恢复和重建

D 使错位的关节回到原位

2. 报告呼吁社会各界关注自闭症群体。 （ ）

A 各种不同职业、性别等的社会成员

B 不同党派人士

C 全世界人民

D 生活在不同地区的人们

3. 一般第一胎且是男婴的几率较高，发病率在 4% 左右。 （ ）

A 但是　B 并且　C 或者　D 可以

4. 人力、财力的消耗是一个无底洞。 （ ）

A 比喻千奇百怪的现象

B 比喻受到的严重伤害

C 比喻难以实现的目标

D 比喻永远难以满足的要求

5. 这是自闭症儿童家庭背负的沉重包袱。 （ ）

A 负担　B 罪恶　C 包装　D 包裹

6. 专家呼吁，我国应在儿童 9 个月时进行自闭症筛查。 （ ）

A 选取一部分检查　B 无一例外地逐个检查

C 一边走一边查看　D 对患儿进行追踪调查

三、根据课文内容，选择正确答案。

1. 关于“世界自闭症关注日”，与课文不符的是： （ ）

A “世界自闭症关注日”是由联合国大会确定的

B 2008 年 4 月 2 日是首个“世界自闭症关注日”

C 全球每 20 分钟就有一个自闭症孩子出生

D 全球自闭症儿童的比例为 1% 左右

2. 关于《中国自闭症教育康复行业发展状况报告》，与课文不符的是： （ ）

A 这份报告是 2015 年 4 月 2 日发布的

B 报告呼吁社会各界关注自闭症群体

C 北京、深圳、广州等地自闭症的比例约为 1%

D 全国自闭症患儿的数量在 1000 万以上

3. 关于自闭症的发病，正确的是：（　　）

A 自闭症是一种传染病

B 自闭症的发病几率与性别无关

C 第一胎男婴的自闭症发病率超过 4%

D 自闭症在男孩中的发病率远远高于女孩

4. 关于自闭症的治疗，与课文不符的是：（　　）

A 自闭症的治疗需要很长时间，但一定能治好

B 自闭症儿童家庭为了给孩子治病要花费大量人力和金钱

C 早认知、早干预、早训练对自闭症治疗非常重要

D 我国应在儿童 9 个月时进行自闭症筛查

四、以《关爱特殊儿童群体》为题，写一篇 200 字左右的短文。

文言篇

两蚁

阅读要求：37 字，阅读时间 5 分钟，答题时间 10 分钟。

- **两蚁在橘上，一左行，一右行，各向前直行。未几，右行者与左行者遇，同在一处。**
- **兩蟻在橘上，一左行，一右行，各向前直行。未幾，右行者與左行者遇，同在一處。**

一、选择加点词的正确解释。

1. 橘　　A 柑橘　　B 金橘
2. 行　　A 走　　B 拐

3. 未几　　A 不知过了多久　　B 没过多久
4. 遇　　A 相遇　　B 相撞
5. 处　　A 外面　　B 地方

二、选择正确答案。

1. 关于“蚂蚁”，与课文不符的是：（　　）

A 共有两只蚂蚁
B 蚂蚁爬进了橘子里
C 蚂蚁在橘子表面上爬行
D 两只蚂蚁相遇于橘子表面的某一点

2. 两只蚂蚁是怎么爬行的？（　　）

A 从左向右爬行
B 在橘子上团团转
C 分别向左右两个方向爬行
D 一圈一圈围着橘子爬行

三、将繁体字与相应的简体字连起来。

兩	蟻	幾	與	處
蚁	几	与	处	两

四、将课文译成白话文。

单元练习

一、朗读词组或小句，注意词语的用法。

1. 不一
   评价～
   褒贬～
   言行～
   表里～

2. 基于
   ～以上原因
   ～婚姻法第 46 条
   ～合同第 1 条第 5 款
   ～公民的责任和义务

3. 任意
   ～一方
   ～三角形
   ～一个自然数
   请你抽出～一张扑克牌

4. 化
   信息公开～
   办公自动～
   农业生产机械化～
   衣着打扮中性～

5. 以……方式
   ～不记名投票～选举
   ～抽签～决定先后次序
   ～自己喜欢的～生活
   ～双方可以接受的～解决争端

6. 历尽
   ～沧桑
   ～千辛万苦
   ～种种磨难
   ～艰难险阻

7. 不惜
   ～成本
   ～牺牲生命
   ～倾家荡产
   ～一切代价

8. 沉溺
   ～于网络游戏
   ～于电视剧
   ～于玩手机
   ～于赌博

9. 且
   安全～实用
   年满 18 岁～相貌姣好
   下周多阴雨天～有大幅降温
   这篇文章内容生动～感情真挚

10. 不同程度
    三名警察～地受了伤
    价格出现了～的回升
    灾情得到～的缓解
    90% 的草原存在着～的退化、沙化

二、选字填空。

鼓	以	牵	且	依
跃	扮	顿	含	惜

1. 有些微信公众号为了博人眼球，不____发布虚假消息。
2. 看着病床上的外孙，姥姥高女士的眼里____着泪水，不住地叹气。
3. 有网友发现，两人手____着手漫步在北京街头。
4. 建筑工地施工噪音大，____施工车辆停在路边，影响附近居民生活。
5. 剧场座无虚席，观众们时而捧腹大笑，时而为演员____掌叫好。
6. 高跟鞋被台阶绊了一下，她的身体____失平衡，向前栽倒下去。
7. 澳大利亚一女子将自己____成美人鱼，与鲨鱼共舞。
8. 父母相继离世，6 岁的明明与年迈的奶奶相____为命。
9. 任何人都应该学会____积极的方式解决矛盾和争端。
10. 看到落水者，他来不及多想，纵身____入了湍急的河流。

三、选词填空。

简直	评价	举措	开展	发布
忽视	发挥	逃避	沉溺	诞生

1. 只有全面客观地________产品性能，才能制定切实可行的营销策略。
2. 广大科技工作者要充分________自身优势，勇于担当、敢于创新。
3. 检查中，一些酒驾者为了________处罚，使出了各种伎俩。
4. 各地铁路部门实施多项新________应对春节客运高峰。
5. 气象台 16 时________暴雨黄色预警，预计未来 6 小时降水量将超过 50 毫米。
6. 加菲猫这一形象________于 1978 年，它是一只肥胖、懒散的橙色虎斑猫。
7. 青少年教育专家提醒，暑期中小学生安全问题不容________。
8. ________让人不敢相信，他居然钓上来一条长一米五的大鱼。
9. 她整日________于幻想的世界之中，无法自拔。
10. 我市将对全市道路安全________为期三个月的专项检查。

四、近义词填空。

1. A 形式　B 方式　C 方法　D 办法

（1）这所大学要求研究生把自己的研究成果以论文________公开发表。
（2）考了第一名之后，许多同学向他请教学习________。
（3）小猫钻进车下不出来，车主想尽________才把它引出来。
（4）我还有一些问题想请教您，您能否给我留一个您的联系________。

2. A 营造　B 创造　C 建造　D 制造

（1）此次运动会上，他________了 100 米自由泳的新世界纪录。
（2）皇帝从全国各地召集能工巧匠，为自己________豪华的宫殿。
（3）我国自行设计________的新型运输机将于明年 4 月问世。
（4）学校应关注学生心理健康，________宽松舒适的校园环境。

3. A 抚养　B 培养　C 教养　D 饲养

（1）一些父母认为让孩子学习传统文化能________孩子的良好品德。
（2）一位非洲老人在家中________了一只狮子作为宠物，已经有 11 年了。
（3）离婚后，夫妻二人因孩子的________权闹上法庭。
（4）从日常的言谈举止可以看出一个人的________。

4. A 不惜　B 不免　C 不妨　D 不顾

（1）姑娘________家人的反对，坚决要和心爱的小伙子结婚。
（2）世界杯期间，许多球迷________牺牲睡觉时间也要看比赛直播。
（3）这么晚了，孩子还没有回来，父母________担心起来。
（4）你若是对中国历史感兴趣，________读读这本书。

5. A 小题大做　B 大惊小怪　C 借题发挥　D 大材小用

（1）运动时难免有一些磕碰，不要为这点小擦伤________了。
（2）他是毕业于知名大学的博士，公司给他安排这个工作有点儿________。
（3）小李因为工作失误被领导批评，事后却抱怨领导________。
（4）他对我一直有成见，今天的事情他是故意________，想让我难堪。

HSK 拓展训练

一、选出有语病的一项。

1. A 相对论揭示了空间和时间的辩证关系，加深了人们对物质和运动的认识。
B 父亲在城里拼命打工，省吃俭用，攒下了不少钱。
C 我很怀念在北京度过的那段无法忘记的难忘时光。
D 要保持身体健康，就应该过有规律的生活。

2. A 你是谁并不重要，重要的是你和谁在一起。
B 对任何人而言，倾诉都不是一种有效的释放压力。
C 微笑像春风，像阳光，它蕴藏着一种神奇的力量，可以使所有烦恼一扫而空。
D 植物的叶子里含有多种天然色素——叶青素、胡萝卜素和花青素等。

二、选词填空。

1. 纸币的出现，______着钱在生活中扮演着越来越重要的角色。不过，钱______重要，也只是生活中一个用来交换的东西，而绝不能______心目中最重要的东西，如亲情、友情、爱情等。

A 意味　再　代替
B 意思　虽　替代
C 显示　越　代表
D 象征　更　表达

2. 儿童是好奇的，他们对任何事物都有______的好奇心，比如他们首次看见火，只以为这是个明亮的东西，只有______触摸、受到伤害或者受到家长的教育后，才会对火有一个较______的认识。对于儿童的好奇心，我们应该______，而不是遏制。

A 难以想象　经过　真正　批评
B 千奇百怪　根据　周到　制止
C 与生俱来　通过　全面　鼓励
D 不知不觉　按照　完全　指导

三、选句填空。

卢沟桥位于北京市西南约 15 千米处的永定河上。它（1）________________，于公元 1444 年重修。桥全长 266.5 米，宽约 7.5 米，由 11 个半圆形的石拱组成。每个石拱长度不一，短的 16 米，（2）________________。石拱之间有石桥墩，把 11 个桥拱连成一个整体，所以叫连拱桥。

卢沟桥桥面用石板铺成，两侧有石栏、石柱，石柱上面有雕刻得十分精致的石狮，共 501 个。这些（3）________________：有的母子相抱，有的相互戏耍，有的像在倾听流水声，有的像在检阅桥上的车马……真是千姿百态，栩栩如生。

早在 13 世纪，卢沟桥就已闻名于世。那时候有个叫马可·波罗的意大利旅行家来过中国，他说卢沟桥是“世界上最好的、独一无二的”，桥柱上的狮子是“美的奇观”。卢沟桥东的碑亭内（4）________________，上面刻着清朝乾隆皇帝（1711—1799）题的“卢沟晓月”四个大字，为燕京八景之一。

1937 年 7 月 7 日，日本侵略者悍然（5）________________，这就是著名的“卢沟桥事变”，也称“七七事变”。现在，卢沟桥附近建有中国人民抗日战争纪念馆和纪念碑。

A 长的 21 米多

B 立着一块汉白玉石碑

C 向卢沟桥发起攻击

D 修建于公元 1189 到 1192 年间

E 石狮姿态各异

第 9 单元

节 日

精读篇

如何保护传统节日

阅读要求：721字，阅读时间10分钟，答题时间15分钟。

导　读

从春节到重阳节，中国有大大小小的传统节日。每一个节日都有它特殊的含义和纪念方式。然而，随着时代的发展和生活的变迁，人们逐渐淡忘了这些节日背后的意义，只为过节而过节，比不上以前热闹、讲究了。

读前准备

1. 说一说下面这些中国传统节日是农历哪一天，有什么习俗。

春节	元宵节	清明节	端午节
除夕	中秋节	重阳节	七夕节

2. 你最喜欢哪个中国传统节日，为什么？

课　文

1　每年的农历五月初五是端午节。端午节是中国重要的传统节日之一，在中国已经有两千多年的历史了，可如今却和其他传统节日一样，面临着尴尬的境地。虽然电视新闻里展示了全国各地不同的端午习俗，但是具体到每个人来说，过端午节也只是吃几个粽子、给朋友发几条信息而已。

2　近年来，我国传统节日相对趋冷已成事实，而与之形成鲜明对照的则是各种漂洋过海的洋节日益火爆。其实，无论是土节还是洋节，在精明商家的推动和参与之下，最终都演变成购物节、吃喝节。有专家指出，在全球化价值趋同的背景下，传统节日是保持民族文化认同感的最后一道壁垒。维护传统节日，并不是要以一种简单的排他主义拒洋节于国门之外，而是要防止全球化浪潮和商业化炒作，把传统节日变成被掏掉民族文化内核的“空壳”。

3　有一种观点认为，传统节日之所以被现代人淡忘，主要是由于它们的主题都是“吃”：元宵吃汤圆、中秋吃月饼、端午吃粽子……而物质生活丰裕后，“吃”显得不再那么重要，于是节日气氛也随之变淡了。民俗专家却指出，这种言论是站不住脚的。事实上，每一个传统节日背后都蕴含着深厚的文化底蕴，节日的魅力恰恰体现在传统习俗之中，因为这些习俗反映了人们对生活的热爱、对自然的尊重和对未来的期盼。

4　现代人头脑里缺少有关传统习俗的知识，因此过节对他们也就缺少了吸引力，成了走过场。如果想重新让传统节日变得有吸引力，则须给国人补上传统习俗这一课。比如说，元宵节教孩子们制作灯笼、猜灯谜，七夕时教孩子们穿针引线，端午节让孩子们学习包粽子、缝荷包等。要有意识地对传统节日进行重建，比如举办春节庙会、元宵灯会、端午龙舟大赛等体现节日特色的大型活动。通过这些丰富多彩的活动让现代人重新认同、喜爱传统节日，传统节日才能真正回归民间，获得生命力。

（改自北方网，作者朱胥男）

生　词

1. 尴尬	gāngà	（形）	处境困难，不好处理。◇处境～ | 目前他在公司的地位很～
2. 境地	jìngdì	（名）	生活上或工作上遇到的情况。◇危险的～ | 处于不利的～
3. 趋	qū	（动）	趋向；归向。◇日～成熟 | ～于一致
4. 鲜明	xiānmíng	（形）	分明而确定。◇特点～ | ～的对比
5. 对照	duìzhào	（动）	相比；对比。◇自我～ | 中英文～的菜单
6. 漂洋过海	piāoyáng-guòhǎi	（成）	渡过海洋。指远离家乡，前往异国他乡。◇～来中国学汉语
7. 精明	jīngmíng	（形）	精细明察；机警聪明。◇～的商人 | ～强干
8. 趋同	qūtóng	（动）	趋于一致。◇特点～ | 表现～
9. 认同	rèntóng	（动）	认为跟自己有共同之处而感到亲切。◇民族～感 | 文化～
10. 排他	páitā	（动）	排斥某个范围以外的人或物。◇～性 | 爱情是～的

11. 浪潮	làngcháo	（名）	比喻大规模的社会运动或潮流。◇改革的～|科技～
12. 内核	nèihé	（名）	比喻事物的实质或核心部分。
13. 壳	ké	（名）	坚硬的外皮。◇鸡蛋～|空～
14. 丰裕	fēngyù	（形）	富裕；富足。◇生活～|物质～
15. 蕴含	yùnhán	（动）	包含。◇这段文字不长，却～着丰富的内容
16. 底蕴	dǐyùn	（名）	文明的积淀。◇文化～|深厚的～
17. 魅力	mèilì	（名）	很吸引人的力量。◇富有～|艺术～
18. 恰恰	qiàqià	（副）	刚好；正。◇～相反
19. 期盼	qīpàn	（动）	期待；盼望。◇～美好的未来|～暑假的到来
20. 灯谜	dēngmí	（名）	灯谜是写在彩灯上面的谜语。猜灯谜是中国古代一种传统娱乐文化活动。元宵节时，逛灯会、猜灯谜是人们十分喜爱的传统活动。
21. 七夕	qīxī	（名）	中国传统节日之一，又名乞巧节、七巧节。始于汉朝，是流行于中国及汉字文化圈的传统文化节日。
22. 穿针引线	chuānzhēn-yǐnxiàn	（成）	用针线做活儿。常比喻从中联系，使双方接通关系。
23. 缝	féng	（动）	用针线将原来不在一起或开了口的东西连上。◇～衣服|～起来
24. 荷包	hébāo	（名）	中国传统服饰中，人们随身佩带的一种装零星物品的小包。
25. 庙会	miàohuì	（名）	中国民间广为流传的一种传统民俗活动。一般在春节、元宵节等节日举行，多设在寺庙及其附近，进行祭神、娱乐和购物等活动。

语言点

一、显得

动词，指通过某种行为、状态给人以相应的印象。“显得”的宾语常常是形容词短语，也可以是主谓短语，如“刚理完发，人显得很精神”“显得他很有钱似的”。宾语所表示的是人的印象，可以是真实的，如“气氛显得十分紧张”；也可能只是表面上的，如“穿黑色衣服，身材显得瘦一点儿”，实际上胖瘦的程度没有变化。

◆ 完成下面含有“显得”的句子。

1. 她今天走得匆忙，没有化妆，人显得____________。

2. 爬长城的时候，父亲走一走停一停，显得____________。
3. 这本书告诉我们，和别人说话时看着对方的眼睛会显得__________。
4. 春节的时候，外地人都回家了，北京的马路显得____________。

二、恰恰

副词，表示某些事情的发生或情况的出现完全巧合，强调一点儿不差，如“今年的教师节恰恰又是中秋节”“我要找的恰恰就是你说的这个人”。有时候，“恰恰”用在后边的小句中，引出与前边小句相反的意思来，如“这样做不是为了惩罚他，恰恰是为了爱护他”。在这种用法中，“恰恰”常与“相反”组成固定搭配，变成“恰恰相反”，如“原以为这些话会使他平静下来，恰恰相反，他听了以后更激动了”。

◆ 用“恰恰”完成下面的句子。

1. 今天真幸运，考试中考到的作文题目____________。
2. 最大的敌人不是别人，____________。
3. 今天应该尼克做课堂报告，____________。
4. 他以为这样做会让我喜欢他，____________，我更讨厌他了。

读后练习

一、根据课文内容，选择正确答案。

1. 关于端午节，下面哪种说法不正确？ （　　）

A 每年的农历五月初五是端午节
B 端午节是有着悠久历史的中国传统节日
C 每逢节日期间，电视上常能看到关于欢庆端午节的新闻
D 中国人都通过包粽子、发信息的方式来度过节日

2. 关于传统节日面临的危机，课文里没有提到的是： （　　）

A 洋节日的火爆对传统节日形成了冲击
B 被精明的商家利用，成了赚钱的工具
C 受到全球化浪潮和商业化炒作的双重影响
D 政府部门对传统节日的重要性认识不够

3. 关于洋节，与课文不符的是： （ ）

A 近年来，洋节日益受到中国人的欢迎
B 洋节被商家利用，成了刺激消费的手段
C 排斥洋节才能维护传统节日的重要地位
D 洋节在中国的火爆是全球化浪潮的一种体现

4. 关于节日习俗，下面哪种说法与课文不符？ （ ）

A 应该在元宵节教孩子们包粽子、缝荷包
B 节日习俗中蕴含着深厚的文化底蕴
C 节日习俗反映了人们对生活的热爱和对未来的期盼
D 须给国人补上传统习俗这一课

5. 这篇文章主要想告诉我们什么？ （ ）

A 传统节日受到了西方节日的冲击和挑战
B 物质生活的丰裕是导致传统节日不受重视的原因
C 当今中国人缺少有关传统习俗的知识，需要补课
D 传统节日面临的危机以及我们可以采取的对策

二、选择与目标词语意思相近的一项。

1. 境地	A 地方	B 土地	C 环境	D 处境
2. 对照	A 对立	B 对比	C 写照	D 对方
3. 认同	A 认真	B 认识	C 认可	D 认定
4. 炒作	A 宣传	B 动作	C 爆炒	D 广告
5. 丰裕	A 丰满	B 富足	C 满足	D 丰收
6. 蕴含	A 埋藏	B 包容	C 包括	D 包含
7. 恰恰	A 融洽	B 恰当	C 正好	D 合适
8. 期盼	A 盼望	B 愿望	C 预期	D 日期

三、选择加点词语的正确解释。

1. 具体到每个人来说，过端午节也只是吃几个粽子、给朋友发几条信息而已。 （ ）

A 而且　　B 罢了
C 算了　　D 来着

2. 近年来，我国传统节日相对趋冷已成事实。 (　　)

A 趋于寒冷　　B 越来越受到冷落

C 趋于冷漠　　D 越来越热闹

3. 各种漂洋过海的洋节日益火爆。 (　　)

A 一天比一天红火　　B 一天比一天炎热

C 越来越忙碌　　D 越来越麻烦

4. 传统节日是保持民族文化认同感的最后一道壁垒。 (　　)

A 墙壁　　B 护城河　　C 障碍物　　D 防线

5. 维护传统节日，并不是要以一种简单的排他主义拒洋节于国门之外。 (　　)

A 不允许外国人在中国过节　　B 不让外国节日传入中国

C 不接受外国文化　　D 拒绝外国人入境

6. 要防止全球化浪潮和商业化炒作，把传统节日变成被掏掉民族文化内核的“空壳”。 (　　)

A 赚钱的工具　　B 无用的摆设

C 缺少文化内涵的空架子　　D 没有实际用处的东西

7. 民俗专家却指出，这种言论是站不住脚的。 (　　)

A 经不起推敲　　B 站立不稳

C 不真实　　D 不可信

8. 因此过节对他们也就缺少了吸引力，成了走过场。 (　　)

A 沉重的负担　　B 无意义的事情

C 走马灯　　D 做做样子，不认真干

四、选择与句中加点词语意思相同的一个，并说明其他三个的意思。

1. 与之形成鲜明对照的则是各种漂洋过海的洋节日益火爆。 (　　)

A 每逢春节，大街小巷到处洋溢着节日的气氛。

B 四大洋约占地球面积的十分之七。

C 政府已制定相关法律，严防洋垃圾非法入境。

D 平时土里土气的她今天却打扮得很洋气。

2. 传统节日是保持民族文化认同感的最后一道壁垒。 (　　)

A 朝阳爬上了远山，万道金光射向大地。

B 俗话说："君子爱财，取之有道。"

C 只有一条羊肠小道通往山顶的小屋。

D 日本茶道与宋代时期流行的茶礼有许多共同点。

3. 物质生活丰裕后，"吃"显得不再那么重要，于是节日气氛也随之变淡了。 (　　)

A 传统节日之所以被现代人淡忘，主要是由于它们的主题都是"吃"。

B 在精明的商家推动和参与之下，最终都演变成为购物节、吃喝节。

C 与之形成鲜明对照的则是各种漂洋过海的洋节日益火爆。

D 节日的魅力恰恰体现在传统习俗之中。

五、在空格处填上适当的动词，然后把习俗与相应的节日连线。

______ 灯谜	重阳节
______ 荷包	端午节
______ 墓	元宵节
______ 庙会	春节
______ 龙舟	清明节
______ 山	七夕节

六、分组讨论。

介绍一下你们国家的传统节日和相关习俗，并谈谈你认为应该怎样保持传统节日对现代人的吸引力？

泛读篇

春晚

阅读要求：688 字，阅读时间 10 分钟，答题时间 15 分钟。

导　读

每年除夕吃完年夜饭，家人们就围坐在一起观看中央电视台的春节联欢晚会。这早已成为中国亿万家庭欢度春节的重要活动。如今，几十年过去了，"春晚"还像当初那么吸引人吗？

读前准备

1. 试着解释下面这些春节联欢晚会的节目形式。

歌舞　　合唱　　戏曲　　杂技
魔术　　武术　　相声　　小品

2. 你看过中国的综艺节目吗？如果看过，请介绍一下。

课　文

1　中央电视台春节联欢晚会，简称"春晚"，是中国中央电视台在每年农历除夕晚上为庆祝农历新年举办的综艺性文艺晚会，是中国人庆祝农历新年的重要活动之一。"春晚"创下了三项世界综艺晚会之最——世界上收视率最高的综艺晚会；世界上播出时间最长的综艺晚会；世界上演员最多的综艺晚会。

2　广义上的春节联欢晚会可以追溯到 1956 年，这一年中央新闻纪录电影制片厂出品了纪录片《春节大联欢》，中央人民广播电台现场直播了这场演出，而具有晚会性质的"迎新春文艺晚会"自 1979 年除夕开始播出。1983 年，首届"春节联欢晚会"在中央电视台播出。从此，每年农历除夕北京时间晚 8 时许，"春晚"都会在中央电视台播出。节目时间持续 4 小时 10 分至 5 小时，直到凌晨 1 时，节目最后都以《难忘今宵》合唱结束。

3　“春晚”是一个集歌舞、戏曲、小品、民间艺术表演于一体的大型综艺节目。和谐、团聚是晚会的两大主题。然而，众口难调，每年观众们都希望“春晚”能有创新，能带给人们惊喜，因此导演和演员们绞尽脑汁地进行节目编排。现在,“春晚”已经成为央视以及节目主创人员每年都要面临的巨大挑战。

4　近年来，地方电视台也纷纷开始推出自己的品牌综艺节目，满足了观众日益增长的文化需求，其中比较成功的范例是湖南卫视，它的综艺节目收视率目前在国内仅次于央视。此外，由北京电视台推出的“环球春晚”也颇受观众喜爱。“环球春晚”在大年初二播出，国际巨星和华人顶级明星云集，是中外同台的文化交流大舞台。另一种新型节目是“山寨春晚”，由普通民众生动、本色的表演组成，与“央视春晚”同时在互联网上进行实况转播。

5　无论是观看“央视春晚”还是观看地方台节目，中国人无疑都会尽情地享受一个快乐的除夕。

生　词

联欢 liánhuān	除夕 chúxī	综艺 zōngyì	收视率 shōushìlǜ
广义 guǎngyì	追溯 zhuīsù	凌晨 língchén	和谐 héxié
众口难调 zhòngkǒu-nántiáo	绞尽脑汁 jiǎojìn-nǎozhī	编排 biānpái	范例 fànlì
顶级 dǐngjí	云集 yúnjí	本色 běnsè	实况 shíkuàng

读后练习

一、回答问题。

1.“春晚”的全称是什么？一台“春晚”通常持续多长时间？

2.“春晚”创下了哪三项世界综艺晚会之最？

3.“春晚”的主题一般是什么？

二、判断正误。

1.“春晚”是为庆祝阳历新年而举办的综艺性文艺晚会。（　）

2. “春晚”是世界上收看人数最多的电视节目。 (　　)

3. 中央电视台举办的“春晚”可以追溯到 1956 年。 (　　)

4. 从 1983 年开始，人们可以在除夕晚上 8 时许开始收看“春晚”。 (　　)

5. “春晚”的最后一个节目是独唱《难忘今宵》。 (　　)

6. 如今举办“春晚”最大的挑战是如何创新。 (　　)

7. 目前地方电视台的综艺节目还无法与央视的综艺节目形成竞争。 (　　)

8. 除夕晚上，“山寨春晚”与“央视春晚”同时在互联网上实况转播。 (　　)

三、选择加点词语的正确解释。

1. 从此，每年农历除夕北京时间晚 8 时许，“春晚”都会在中央电视台播出。(　　)

A 大概　　B 左右　　C 可能　　D 许多

2. 节目时间持续 4 小时 10 分至 5 小时，直到凌晨 1 时。 (　　)

A 中午 1 点　　B 第二天早上 1 点

C 中午 1 小时　　D 第二天早上 1 小时

3. “春晚”是一个集歌舞、戏曲、小品、民间艺术表演于一体的大型综艺节目。 (　　)

A 把一种东西混合到另一种东西里

B 把比较简单的变成比较复杂的

C 把各种事物集中在一个事物上

D 把混乱的东西变得有秩序

4. 导演和演员们绞尽脑汁地进行节目编排。 (　　)

A 废寝忘食　　B 费尽心思

C 马不停蹄　　D 力所能及

5. “春晚”已经成为央视以及节目主创人员每年都要面临的巨大挑战。 (　　)

A 主要服务人员　　B 主要演出人员

C 主要创作人员　　D 主要工作人员

6. 其中比较成功的范例是湖南卫视。 (　　)

A 典范的事例　　B 规范的例子

C 反面的例子　　D 举例子

7. 另一种新型节目是“山寨春晚”。（　）

A 山林里的　　B 少数民族的

C 假冒的　　D 民间性质的

8. 由普通民众生动、本色的表演组成。（　）

A 原来的颜色　　B 本来的面貌

C 本地特色　　D 出色的本领

四、选择句子的正确解释。

1. 众口难调。（　）

A 不容易让所有人都吃饱。

B 不容易改变所有人的要求。

C 很难使所有人都满意。

D 很难调整所有人的口味。

2. 湖南卫视的综艺节目收视率目前在国内仅次于央视。（　）

A 湖南卫视的综艺节目收视率比央视稍高。

B 湖南卫视的综艺节目收视率比央视稍低。

C 湖南卫视的综艺节目收视率远高于央视。

D 湖南卫视的综艺节目收视率远低于央视。

3. 国际巨星和华人顶级明星云集。（　）

A 影迷们有的来自国内，有的来自国外。

B 影迷们多得数不清，好像天上的云彩。

C 中外超级明星像云一样聚集到“环球春晚”的舞台。

D 中外超级明星像云一样来北京电视台聚会。

读报篇

全国铁路客流持续高位运行

阅读要求：483 字，阅读时间 7 分钟，答题时间 12 分钟。

核心提示：记者从中国铁路总公司获悉，春节过后全国铁路客流持续高位运行。全国铁路 2 月 26 日（正月初八）发送旅客 907.6 万人次，2 月 27 日（正月初九）预计发送旅客 913 万人次。

人民网 北京 2 月 27 日电 记者从中国铁路总公司获悉，2 月 27 日（正月初九），全国铁路客流持续高位运行，预计发送旅客 913 万人次。随着铁路网规模不断扩大，铁路春运运输紧张状况已有所缓解。

2 月 26 日（正月初八），全国铁路发送旅客 907.6 万人次，同比增加 108 万人次，增长 13.5%，运输安全平稳有序。其中，广铁集团发送旅客 123.1 万人次，同比增加 23.5 万人次，增长 23.6%；上海铁路局发送旅客 139.9 万人次，同比增加 23.1 万人次，增长 19.8%；南昌铁路局发送旅客 77.5 万人次，同比增加 9.5 万人次，增长 14%；武汉铁路局发送旅客 74.8 万人次，同比增加 2.7 万人次，增长 3.8%；成都铁路局发送旅客 70.2 万人次，同比增加 2.4 万人次，增长 3.5%。

2 月 26 日，全国铁路发售车票 758.1 万张，其中互联网发售 372.7 万张（含手机 116 万张），占发售量的 49.2%。2 月 27 日，全国铁路预计加开旅客列车

760列，其中跨铁路局旅客列车467列，铁路局管内旅客列车293列。

铁路部门提示，节后客流持续高位运行，已通过互联网成功购票尚未取票的旅客，请尽量提前办理取票手续，以免当天到车站取票旅客过于集中，耽误行程。请携带车票及与票面信息一致的有效身份证件，预留足够的进站验票时间，并配合车站工作人员，共同维护良好的铁路运输秩序。

（改自人民网）

读后练习

一、填空。

1. 2月26日，全国铁路发售车票______张，其中互联网发售______张（含手机116万张），占发售量的______。

2. 2月27日，全国铁路预计______旅客列车______列，其中跨铁路局旅客列车______列，铁路局管内旅客列车______列。

3. 已通过互联网成功______尚未______的旅客，请尽量__________取票手续，以免当天到车站取票旅客__________，耽误行程。

二、选择加点词语的正确解释。

1. 记者从中国铁路总公司获悉…… （　　）

A 得到熟人的帮助　　B 获得采访机会

C 得到消息　　D 渐渐熟悉

2. 全国铁路客流持续高位运行。 （　　）

A 指客流量处于高水平　　B 指列车行驶于高纬度地区

C 指列车在高速行驶　　D 指受到上级部门的压力

3. 同比增加108万人次。 （　　）

A 跟同一地区相比　　B 跟上一年同一时期相比

C 跟上一阶段相比　　D 跟相同国家相比

4. 其中跨铁路局旅客列车 467 列。 （ ）

A 从一列火车到另一列火车

B 从一个铁路局到另一个铁路局

C 从一个国家到另一个国家

D 从一条铁路到另一条铁路

5. 以免当天到车站取票旅客过于集中。 （ ）

A 经过 B 超过 C 非常 D 过分

6. 请携带车票及与票面信息一致的有效身份证件。 （ ）

A 和 B 到 C 在 D 也

三、根据课文内容，选择正确答案。

1. 关于 2 月 27 日全国铁路运输状况，与课文不符的是： （ ）

A 客流持续高位运行

B 预计发送旅客 913 万人

C 运输紧张状况比之前有所缓解

D 仍然需要加开旅客列车

2. 关于 2 月 26 日全国铁路运输状况，与课文不符的是： （ ）

A 发送旅客人数多于去年同期

B 广铁集团发送旅客人次最多

C 成都铁路局发送旅客人次最少

D 各地区同比都有所增长

3. 关于火车票，与课文不符的是： （ ）

A 2 月 26 日，互联网发售的车票占所有售出车票近一半

B 2 月 26 日，有近一半的火车票是通过手机购买的

C 铁路部门希望网络购票的旅客尽量提前取票

D 进站验票要携带车票和身份证件

4. 从这篇报道中我们无法了解的是： （ ）

A 2 月 27 日全国铁路实际发送旅客的数量

B 2 月 26 日全国铁路实际发送旅客的数量

C 2 月 26 日全国铁路发售车票的数量

D 2 月 27 日全国铁路预计加开列车的数量

四、以《中国铁路》为题，写一篇 200 字左右的短文。

文言篇

马车

阅读要求：37 字，阅读时间 5 分钟，答题时间 10 分钟。

- **马车或驾一马，或驾两马。其轮或二或四，四轮者二大二小，小者在前，大者在后。**
- **馬車或駕一馬，或駕兩馬。其輪或二或四，四輪者二大二小，小者在前，大者在後。**

一、选择加点词的正确解释。

1. 或　A 有的　B 或许
2. 驾　A 驾驶　B 把车套在马上
3. 其　A 代词，指马车　B 代词，指马
4. 轮　A 车轮　B 轮流
5. 者　A 代词，指马车　B 代词，指车轮

二、选择正确答案。

1. 关于马车，与课文不符的是：（　　）

A 马车是用马拉的车

B 马车都是两匹马拉的

C 有的马车有四个车轮
D 有的马车有两个车轮

2. 关于四轮马车，与课文不符的是：（　　）

A 有四个大小相同的轮子
B 有两个大车轮和两个小车轮
C 前边的两个车轮小
D 后边的两个车轮大

三、将繁体字与相应的简体字连起来。

馬　　車　　駕　　兩　　輪　　後

后　　两　　马　　轮　　车　　驾

四、将课文译成白话文。

单元练习

一、朗读词组或小句，注意词语的用法。

1. 趋
   ～于一致
   ～于平淡
   日～繁荣
   价值～同

2. 日益
   ～强大
   ～增长
   ～恶化
   ～加深

3. 显得
   刚理了发，～很精神
   她的声音～格外年轻
   你这样说话～不够自信
   穿黑色衣服～身材瘦一点儿

4. 随之
   经济好转，就业机会～增加
   联系少了，感情也～变淡
   手机普及了，相关问题～出现
   汽车日益增多，问题也～而来

5. 回归
   ～自然
   ～社会
   ～自我
   ～故土

6. 创……之最
   ～历年～
   ～历史～
   ～历届～
   ～世界～

7. 纷纷
   大家～发表看法
   同学们～报名参加
   人们～购买喜欢的产品
   父母们～为自己的孩子报辅导班

8. 仅次于
   浙江省人均收入～上海、北京
   2015年山东省GDP～广东
   今年，华为的手机销量～苹果
   北京博物馆数量～伦敦，位居第二

9. 有所
   ～增加
   ～提高
   ～下降
   ～改善

10. 同比
    7月中国财政收入～增加3.3%
    今年暑期赴北京游客～下降两成
    德国6月份出口总额～增长1.2%
    7月深圳CPI～上涨2.1%

二、选字填空。

推	趋	洋	拒	须
补	及	创	跨	许

1. 很多公园禁止遛狗，如果带狗进入将被____之门外。
2. 昨晚 8 时____，五道口附近发生了一起火灾。
3. 在本届奥运会上，中国选手____下了两项世界纪录。
4. 近日北京地区大幅降温，外出活动____注意保暖。
5. 在 ATM 机上____行取款，一般每笔收取 2 ～ 50 元不等的手续费。
6. 为了满足客户的需求，我们公司不断____出新产品。
7. 北京市已将环境治理____入未来的发展规划之中。
8. 中国在建设高铁方面的技术日____成熟。
9. 20 世纪 80 年代末，肯德基等____快餐企业逐渐进入中国。
10. 预计未来两天，京津冀____周边地区将出现轻度或中度空气污染。

三、选词填空。

尴尬	认同	蕴含	期盼	追溯
和谐	范例	缓解	尽量	维护

1. 听音乐可以有效________精神压力。
2. 多年未回家的他格外________与家人团聚。
3. 专家指出熬夜对健康有害，应________避免。
4. 警察的责任是打击犯罪、________社会安定。
5. 他的书________着深刻的道理，很受读者的欢迎。
6. 这两个国家的友好交往可以________到几百年前。
7. 人与人互相尊重，是建立________社会的基础。
8. 遇见认识的人却叫不出对方的名字，气氛令人________。
9. 深圳的发展模式是中国改革开放的成功________。
10. 虽然他的文章写得很好，但我并不________其中的观点。

四、近义词填空。

1. A 面临　B 面对　C 面向　D 对待

（1）该公司将________全国毕业生招聘销售人员。
（2）第一次________这么多人讲话，难免紧张。
（3）中国经济正________着严峻的考验。
（4）判断一个人有没有教养，就看他如何________服务员。

2. A 鲜明　B 分明　C 精明　D 明显

（1）他和弟弟的表现形成了________的对比。
（2）这篇作文语言生动，也没有________的语法错误。
（3）小王是个爱恨________的人，从不和自己讨厌的人来往。
（4）无论消费者怎么算计，也算计不过________的商家。

3. A 保持　B 坚持　C 维持　D 维护

（1）为了________一家老小的生活，他不得不打三份工。
（2）电影里，很多超级英雄的梦想都是________世界和平。
（3）好习惯贵在________。
（4）早睡早起是这位百岁老人________健康的秘诀。

4. A 需求　B 要求　C 请求　D 追求

（1）他对那个女孩展开了疯狂的________。
（2）这个企业对产品质量有严格的________。
（3）谁能满足市场________，谁就能吸引消费者。
（4）经过一再努力，领导终于答应了我的________。

5. A 众口难调　B 众口一词　C 众所周知　D 与众不同

（1）全班同学，都________支持班长的决定。
（2）你喜欢吃辣的，我喜欢吃甜的，真是________。
（3）凭着________的音乐和舞蹈，他成了闻名全国的大明星。
（4）________，奥运会每四年举办一次。

HSK 拓展训练

一、选出有语病的一项。

1. A 过多的选择会增加决策难度、降低幸福感，因而我们常常有选择困难症。

B 几乎人人都说谎，这个世界上最大的谎言莫过于“我从来没有说过谎”了。

C 最近由于经济不景气，很多城市都出现了零售店铺纷纷关门的倒闭潮。

D 虽然我在旅行社实习了一年的经验，但我毕业时未必会选择进入旅游业。

2. A 研究表明，分散学习时间或同时学习不同的内容会大大提升记忆效果。

B 锻炼也要讲究方法和适量，那么只会适得其反，对身体造成伤害。

C 睡眠不足不仅会使人陷入微睡眠的状态，还是引发交通事故的原因之一。

D 办公室空调的温度不仅关系到员工的生理感受，更对工作效率有重要影响。

二、选词填空。

1. 地震的发生，有一定的______可循，______大多数地震都发生在板块边界。但是，人们尚不能______地震在何时何地发生以及强度如何，因为至今我们还没有______地了解地震产生的机制和原理。

A 规定　很　确认　清楚

B 规则　决　明确　清醒

C 规律　绝　确定　清晰

D 特点　极　肯定　深入

2. 友谊建立好后，也需要______，比如经常小聚，没有时间见面时也要______打电话致以问候；在对方有困难时主动______帮助；自己需要帮助时要先考虑对方______有能力帮助，再提出要求；等等。

A 保持　往往　提供　能否

B 保护　时常　赋予　否则

C 加强　不久　要求　是非

D 巩固　不时　给予　是否

三、选句填空。

剪纸是中国民间一门有着近千年历史的独特艺术。它要求的材料很简单，只要有纸张和一把剪刀或刻刀就可以了。熟练的剪纸艺人剪纸的过程如同变魔术，将一张红纸在手里左叠右叠，（1）________________，摊开一看，就是一幅漂亮的图画。有的艺人根本不需要用眼睛看，就能在袖子里剪出漂亮的图案来。

剪纸是一种即兴式的艺术，剪纸艺人无须画稿，就靠（2）________________，刀起图出，每一次剪出的都不同，所以它的表现力很强。

剪纸艺术在农村地区尤为流行。在西安附近，旧时人们的窗户多是纸糊的，白白的纸，（3）________________，也不吉利。于是心灵手巧的女子就剪出红色的四喜娃娃，或者剪一只美丽的蝴蝶，贴在窗上，作为窗花，平凡的窗子便有了灵气。

围绕剪纸，中国古代还形成了很多风俗。如二十四节气中的立春，是春天来到的日子。为了庆祝这一日子，人们举行各种仪式，（4）________________，人们用它来表达春天到来时的喜悦心情。姑娘们将剪纸戴在头上作为饰物，迎春的人们将剪纸贴到春天的旗帜上，有的还将剪纸挂在柳树上，（5）________________。

A 显得过于单调

B 然后用剪刀轻轻地剪几下

C 剪纸就派上了用场

D 作为迎接春天的礼物

E 手中的一把剪刀

第10单元

动 物

精读篇

该不该吃狗肉

阅读要求：749 字，阅读时间 11 分钟，答题时间 15 分钟。

导　读

广西玉林，是一座因为杀狗习俗而成为舆论焦点的城市。每年 6 月，随着一年一度的“狗肉节”在这里举行，一场围绕着该不该吃狗肉的争论也反复上演。谁是谁非，且听专家的分析。

读前准备

1. 读出下面带“狗”字的成语或俗语，并说说它们的意思。

狐朋狗友　　狼心狗肺　　狗眼看人低

狗拿耗子　　狗仗人势　　嫁鸡随鸡，嫁狗随狗

2. 生活中很多人喜欢养狗，请你分析一下人们爱狗的原因。

课　文

1　今年 6 月 21 日，“荔枝狗肉节”如期举行，不出所料，网络上的爱狗人士和支持食用狗肉人士针锋相对，展开混战。在此，专家为您做出理性分析。

2　问：有网友认为，吃狗肉的人和不吃狗肉的人应互不干涉，您如何看待这个问题？

3　答：多元文化的确需要互相尊重，但是尊重多元文化是以尊重生命为基础的，不能以尊重多元文化为借口，纵容对生命的伤害。

4　问：如果说要保护动物，所以不能吃狗肉，那么为什么能吃猪肉、牛肉、鸡肉呢？

5　答：提高动物保护意识是一个循序渐进的过程。目前对于和人类情感关系最密切、对人类如此忠诚的狗，人们已经普遍意识到，必须采取行动

保护它。

6　问：有地方政府认为，吃狗肉是当地的传统习俗，怎么能不让老百姓保留传统习俗呢？

7　答：习俗不是杀狗、吃狗的理由，历史上许多野蛮的习俗都被废除了。陈规陋习改变起来不容易，才需要大家一起努力。吃狗肉在社会上已经引起强烈争议，可见改变这种不良习俗是有广泛民意基础的。

8　问：有网友说，我一没偷，二没抢，我吃狗肉触犯了哪条法律？

9　答：狗肉不是食物，国家根本就没有相关的检疫标准，所有狗肉都没有经过卫生检疫。出售未经检疫的食品本身就违反了食品安全法。公路上大规模运输猫狗的车辆，可以说百分之百是违法的。政府部门应负起责任来，坚决消灭猫肉狗肉黑色产业链。

10　问：有人说爱狗人士试图在道德上打击吃狗肉者，您如何看待？

11　答：在环境问题上，不乱丢垃圾的人比乱丢垃圾的人素质高，同理，在动物伦理方面，吃狗肉的朋友的确比不吃狗肉的朋友要差一点。动物保护是人类文明发展的潮流，说吃狗肉的人爱狗是常人无法理解的。

12　问：有养生人士认为，夏吃狗肉有温补作用，您对此有何高见？

13　答：炎炎夏日，吃上火的狗肉，对身体健康而言，显然是非常有害的。我听说许多狗是被盗狗贼毒杀的，而且所有狗肉都未经检疫，因此，吃狗肉者简直是拿自己的生命开玩笑。

（改自凤凰网，作者蒋劲松）

生　词

1. 荔枝	lìzhī	（名）	产于中国南方的一种水果，果肉白色，多汁，味道很甜。
2. 针锋相对	zhēnfēng-xiāngduì	（成）	针尖对针尖，比喻双方策略、论点等尖锐地对立。
3. 混战	hùnzhàn	（动）	进行目标不明或对象常变的战争或战斗。◇一场～ | 军阀～
4. 多元	duōyuán	（形）	多样的；不单一的。◇～文化 | ～经济

5. 的确	díquè	（副）	确确实实；表示对情况的肯定。◇～不错 | 生活～比以前好多了
6. 纵容	zòngróng	（动）	对错误行为不加制止，任其发展。◇不要～孩子的不良行为
7. 忠诚	zhōngchéng	（形）	（对国家、人民、事业、领导、朋友等）尽心尽力，没有二心。
8. 野蛮	yěmán	（形）	不文明；没有开化。◇～行为
9. 废除	fèichú	（动）	取消；废止。◇～奴隶制 | ～死刑
10. 陈规	chénguī	（名）	陈旧的规矩。◇打破～ | ～陋习
11. 陋习	lòuxí	（名）	不好的习惯。◇随地吐痰是一种～
12. 民意	mínyì	（名）	人民共同的意见和愿望。◇～测验 | 顺从～
13. 触犯	chùfàn	（动）	冲撞；冒犯；侵犯。◇～法律
14. 检疫	jiǎnyì	（动）	为防止传染病在国内和国际间传播而采取预防措施。◇动物～
15. 产业	chǎnyè	（名）	构成国民经济的行业和部门。◇第三～ | 高科技～
16. 链	liàn	（名）	链子；链条。◇产业～ | 食物～
17. 素质	sùzhì	（名）	素养。◇文化～ | ～教育
18. 伦理	lúnlǐ	（名）	人与人相处的各种道德准则。◇～道德 | ～观念
19. 养生	yǎngshēng	（动）	保养身体。◇～之道 | ～方法
20. 高见	gāojiàn	（名）	高明的见解（多用于称对方的见解）。◇您有何～？
21. 炎炎	yányán	（形）	形容夏天阳光强烈。◇～夏日 | 烈日～
22. 上火	shànghuǒ	（动）	中医指大便干燥或出现牙龈肿痛、双目红赤、口舌生疮等症状。◇天气热，～了。
23. 盗	dào	（动）	偷。◇偷～ | ～窃

语言点

一、如此

代词，指上文提到的某种情况，意思是“这样”。多用于书面语。（1）作谓语，如“他总是第一个到教室，天天如此”“事情已经如此，你就别再难过了”；（2）用在少数动词后，如“她希望在这次比赛中夺得第一名，但愿如此吧”；（3）用在“不但”“虽然”“尽管”等后边，如“他学习很努力，不但如此，还常帮助别的同学”；（4）修饰动词、形容词，如“你对她说了什么，让她如此伤心”“想不到他如此聪明”。

◆ 用“如此”完成下面的句子。

1. 爸爸总是吃完晚饭后出去散步，__________。
2. 听说这次汉语水平考试不难，__________。
3. 他每个月只有3000多块钱的收入，__________，他还是资助了两名失学儿童。
4. 你__________，怎么能在工作上做出成绩呢？

二、可见

连词，根据前面所说的情况，做出某种推论，多用在后一句的句首，如“连这么简单的数学题都不会，可见他没有认真学”“连你的生日都忘了，可见你男朋友并没有把你放在心上”。“由此可见”常用来承接长句或段落，如“才上了几级台阶就这么气喘吁吁的，由此可见，加强身体锻炼有多么重要”。

◆ 完成下面含有“可见”的句子。

1. 她两三个月就会感冒一次，可见__________。
2. 每天下班她丈夫都来公司接她，可见__________。
3. 越来越多的外国人来到中国学习汉语，可见__________。
4. 这么短的路开车却走了一个多小时，由此可见，__________。

读后练习

一、根据课文内容，选择正确答案。

1. 根据专家的观点，对“多元文化”的理解，下面哪种说法不正确？（　　）

A 多元文化需要互相尊重

B 尊重多元文化是对的，但首先要尊重生命

C 尊重多元文化不应该成为伤害生命的借口

D 吃狗肉的人和不吃狗肉的人互不干涉，是尊重多元文化的体现

2. 支持食用狗肉的理由，课文里没有提到的是：（　　）

A 人们可以吃猪肉、牛肉、鸡肉，当然也可以吃狗肉

B 吃狗肉是某些地方的风俗，应该尊重

C 狗肉味道鲜美，不吃实在可惜

D 夏天吃狗肉对身体有益

3. 反对食用狗肉的理由，课文里没有提到的是：（　　）

A 相比猪、牛、鸡，狗是高等动物，不该食用

B 狗与人类情感密切，食用狗肉不人道

C 狗肉的生产加工过程不规范，食用有风险

D 吃狗肉有益健康的说法是没有道理的

4. 下面哪种说法与课文中专家的观点不符？（　　）

A 提高动物保护意识不是一朝一夕的事，需要时间

B 吃狗肉是一种陈规陋习，需要大家一起努力才能废除

C 应尽快在食品安全法中增加狗肉检疫标准

D 吃狗肉的人需要提高在动物伦理方面的修养

5. 这篇文章主要告诉我们什么？（　　）

A 在吃狗肉的问题上，我们应该尊重多元文化

B 狗是人类的朋友，我们应该采取行动保护它们

C 政府应该负起责任，坚决消灭猫肉狗肉黑色产业链

D 专家通过理性分析告诉人们吃狗肉不是明智的选择

二、选择与目标词语意思相近的一项。

1. 的确	A 应该	B 必须	C 正确	D 确实
2. 纵容	A 允许	B 同意	C 放任	D 支持
3. 忠诚	A 忠心	B 诚实	C 听话	D 老实
4. 废除	A 禁止	B 废止	C 报废	D 否定
5. 触犯	A 接触	B 反对	C 违反	D 犯规
6. 素质	A 学历	B 文化	C 素养	D 质量
7. 养生	A 保健	B 营养	C 养病	D 运动
8. 盗	A 抢	B 骗	C 偷	D 抓

三、选择加点词语的正确解释。

1. 不出所料，网络上的爱狗人士和支持食用狗肉人士针锋相对，展开混战。（　　）

A 没有预料到　　B 符合以前的预料

C 超出了想象　　D 令人难以理解

2. 不能以尊重多元文化为借口，纵容对生命的伤害。（　　）

A 逃避责任的理由　　B 毫无根据的传言

C 欠缺不足的地方　　D 有激励作用的话语

3. 提高动物保护意识是一个循序渐进的过程。（　　）

A 事物进步和发展得非常迅速

B 因中途受阻而无法顺利前进

C 因犹豫不决而进展缓慢

D 按照一定的步骤逐渐取得进展

4. 政府部门应负起责任来，坚决消灭猫肉狗肉黑色产业链。（　　）

A 不干净的　　B 黑社会的

C 不正规的　　D 非法的

5. 有人说爱狗人士试图在道德上打击吃狗肉者，您如何看待？（　　）

A 用不明确的语言了解对方的意思

B 尝试寻找机会去做某事

C 尽力说服对方停止某种行为

D 通过不正当手段达到自己的目的

6. 同理，在动物伦理方面，吃狗肉的朋友的确比不吃狗肉的朋友要差一点。

（　　）

A 相同的理论　　B 同样的理解

C 相同的道理　　D 同样的心理

7. 有养生人士认为，夏吃狗肉有温补作用。（　　）

A 为身体补充能量　　B 让身体变得暖和

C 用温热性食物进行补益　　D 补充身体缺少的营养

8. 吃狗肉者简直是拿自己的生命开玩笑。（　　）

A 用自己的生命冒险　　B 用自己的生命让别人高兴

C 开与生命有关的玩笑　　D 为了开玩笑不怕死

四、选择与句中加点词语意思相同的一个，并说明其他三个的意思。

1. 今年6月21日，"荔枝狗肉节"如期举行。（　　）

A 北京有众多名胜古迹，如故宫、长城、颐和园等。

B 如不及早治疗，病情恐怕会加重。

C 我的弟弟如愿考上了自己理想的大学。

D 王女士十年如一日地照顾重病在床的父亲，令人感动。

2. 陈规陋习改变起来不容易，才需要大家一起努力。（　　）

A 那些陈年旧事，已经随着时间慢慢淡忘了。

B 一位陈姓男士打来电话，询问购买产品的事情。

C 故宫博物院的展厅里陈列着大量珍贵的文物。

D 听完了律师的陈述，法官做出了判决。

3. 出售未经检疫的食品本身就违反了食品安全法。（　　）

A《诗经》是中国古代最早的一部诗歌总集。

B 近年来，在中国经商的外国人越来越多。

C 经爱人一提醒，我才想起今天是我的生日。

D 中医认为，如果人体经络不通，就会影响到我们的健康。

五、根据课文内容，归纳爱狗人士和食用狗肉人士各自的理由。

1. 爱狗人士认为不该吃狗肉的理由：

____

____

____

2. 食用狗肉人士认为可以吃狗肉的理由：

____

____

____

六、分组讨论。

从传统文化、动物保护、食品卫生、养生健康等角度，谈谈你对食用狗肉及其他非常规动物肉类的看法？

泛读篇

麻瓜

阅读要求：753字，阅读时间11分钟，答题时间15分钟。

导 读

在城市里，流浪猫随处可见。街道上、小区里甚至校园等地方都能看到它们的身影。一些爱猫人士不忍心看它们挨饿受冻，有的喂食，有的干脆将其领回去，给这些小家伙一个温暖的家。

读前准备

1. 读出下面带“犭”的汉字，并说说它们的意思。

猫　狗　狼　狐　猴　猪　狮

独　狠　狂　猛　犯　猜　猎

2. 介绍你养过的一种动物。

课 文

1　一年前的此时，我正疯狂地寻找走失的麻瓜，我逐栋逐户地按响社区大楼的对讲机，询问有没有人捡到一只黄色虎斑短尾猫。绝望之余，我开始拜托在媒体工作的友人帮我寻猫，让他们在广播节目中发布寻猫启事……那段日子，熟不熟的人见面第一句都是：“麻瓜找到了吗？”于是我开始不安起来，自己是不是小题大做了，当然，对很多视猫狗为子女的人来说，这样并不过分，但对我而言却不大一样。

2　因为除了麻瓜，我家里另外还有五只猫九只狗，多年下来，一直维持着这个数量——这也是我们的生活品质所能容忍的极限。与其说是因为喜欢而收养，不如说是因为同情，路边被丢弃的冻着、饿着的小生命那无助的眼神，永远比抱在怀里、打扮得像玩具一样的宠物更加打动我的心。

3　通常，猫不占空间，无须考虑太多，我也没什么标准，各种品种、各种遭遇的猫都收养。有邻居用垃圾袋装来的小猫，有连猫带箱子偷偷放在我家门口的，也有来时脏得看不出毛色的……

4　暑假中，邻居小女孩单手抓着猫肚皮，猫震天地鬼叫，我们闻声出门察看，小女孩说，学校门口的母猫生了四只小猫，她和同学一人抱走一只，可估计爸爸会趁她不在偷偷扔掉，所以拜托我们收养。这就是麻瓜。

5　麻瓜非常独立，野性十足，并不与其他猫厮混，也不让人抱，爱尾随我出门，跟我去我要去的地方。我爱上的猫，一般喜欢独来独往，长大后便离家不知所终。我偷偷打量着坐在窗台上远望的麻瓜，它的眼睛灰绿肃穆，看了让人不禁胆怯起来。

6　春天来了，麻瓜开始外出，有时整夜不回来。我希望以吃来留住它，只要我在家的时候，每隔几小时总要叫它吃东西，见它吃得起劲，我便在一旁趁机进言："我看我们还是不要去当野猫的好，是吧？"

7　麻瓜出走半年后，那个小女孩又从学校抓了一只灰色虎斑小猫送来，我们给它取名纳莉，纳莉年纪小小，眼神却非常犀利，我叫它麻瓜妹妹，因为它所有的行为模式都与麻瓜一模一样。

（改自《当人遇见猫》，作者朱天心）

生　词

疯狂 fēngkuáng	逐 zhú	栋 dòng	媒体 méitǐ
启事 qǐshì	容忍 róngrěn	极限 jíxiàn	收养 shōuyǎng
打扮 dǎban	遭遇 zāoyù	野性 yěxìng	厮混 sīhùn
打量 dǎliang	肃穆 sùmù	胆怯 dǎnqiè	隔 gé
犀利 xīlì			

读后练习

一、回答问题。

1. 麻瓜是一只什么样子的猫？
2. 什么样的小动物更能打动我的心？
3. 纳莉和麻瓜有什么相同之处？

二、判断正误。

1. 为了找猫，我通过电视节目发布寻猫启事。 (　　)
2. 我觉得猫和狗大不一样。 (　　)
3. 我养猫狗并不只是因为喜欢，更因为同情。 (　　)
4. 麻瓜是邻居小女孩的爸爸拜托我收养的。 (　　)
5. 麻瓜是一只很独立的猫，不喜欢和同类玩耍。 (　　)
6. 春天来了，麻瓜有时在外面过夜。 (　　)
7. 纳莉是麻瓜的妹妹，两只猫都是学校的母猫生的。 (　　)
8. 麻瓜已经走失半年了，至今还没有找到。 (　　)

三、选择加点词语的正确解释。

1. 绝望之余，我开始拜托在媒体工作的友人帮我寻猫。 (　　)

A 绝望之前　　B 绝望到了极点

C 绝望之后　　D 令人绝望的是

2. 于是我开始不安起来，自己是不是小题大做了。 (　　)

A 借题发挥　　B 把问题搞复杂

C 做事情没大没小　　D 把小事当作大事来办

3. 这也是我们的生活品质所能容忍的极限。 (　　)

A 容忍的最大限度　　B 容忍的最低限度

C 忍耐的范围　　D 不能容忍的事情

4. 猫震天地鬼叫，我们闻声出门察看。 (　　)

A 猫好像看见鬼了，一直叫

B 猫大声地叫，声音凄厉

C 猫长得简直跟鬼一样
D 猫好像听到了鬼的叫声

5.（麻瓜）爱尾随我出门，跟我去我要去的地方。（　　）

A 追随　　B 走在身边
C 像尾巴一样跟着　　D 夹着尾巴跟着

6. 我爱上的猫，一般喜欢独来独往，长大后便离家不知所终。（　　）

A 不知道死在哪里　　B 不知道下落
C 不知道自己的终点　　D 不知道回家

7. 它的眼睛灰绿肃穆，看了让人不禁胆怯起来。（　　）

A 不禁止　　B 不得不
C 禁得住　　D 不由得

8. 见它吃得起劲，我便在一旁趁机进言。（　　）

A 用劲儿　　B 情绪高
C 费劲儿　　D 速度快

四、将各段与其内容连起来。

第 1 段　　A 我希望用食物来留住经常不回家的麻瓜。
第 2 段　　B 介绍麻瓜的来历。
第 3 段　　C 因为同情被丢弃的小动物，我收养了多只猫狗。
第 4 段　　D 我想方设法寻找走失的麻瓜。
第 5 段　　E 麻瓜走失后，我又收养了一只和它很像的小猫。
第 6 段　　F 介绍麻瓜的生活习性。
第 7 段　　G 我收留猫没有特别的标准。

读报篇

全球首对母女大熊猫野化放归

阅读要求：491 字，阅读时间 7 分钟，答题时间 12 分钟。

核心提示：昨天，十三岁的熊猫妈妈奇珍带着自己最小的孩子——一岁零四个月的女儿真真，从成都大熊猫繁育研究基地，正式入驻都江堰青城山旁的“熊猫谷”，开始野化放归训练。

昨天 15 时许，兽舍铁门打开后，奇珍步态从容地走了出来，真真似乎有些害羞。当它们走入山谷时，奇珍和真真，成为全球首对野化放归的母女大熊猫。奇珍和真真，这对母女大熊猫都是圈养繁殖，打出生起就在人工饲养环境中成长。奇珍今年十三岁，体重 106 千克，是成功生育过四胎双胞胎的“传奇”熊猫母亲。真真一岁零四个月，相当于人类三四岁的小孩，性格外向，活泼好动，体重约 40 千克。

所谓“野化放归”，是指在模拟自然生态条件下，对圈养动物进行野化训练，待其逐步适应野外环境后再放归。“熊猫谷”是成都大熊猫繁育研究基地于今年 1 月正式启动的熊猫野化放归研究中心，面积 1.4 平方千米，是圈养大熊猫的野化训练场。

今年 1 月，首批 6 只亚成年（二至四岁）大熊猫入驻熊猫谷，接受第一期野化训练。以前，奇珍和真真要吃东西时，饲养员就会把竹子递过去；入驻熊猫谷后，要吃竹子它们就需要自己觅食了。大概一个月后，奇珍母女，还有先到的6只大熊猫，将进入占地约120亩的半原生态野化训练场。那里有移栽好的成片竹林，大熊猫的饮食只能自己想办法，研究人员将通过GPS项圈监测它们的一举一动。大熊猫的野化放归训练一般要历时三至五年，一步步让它们回到原生态环境。

（改自《新京报》）

读后练习

一、填空。

1. 昨天________，兽舍铁门打开后，奇珍步态________地走了出来，真真似乎有些________。

2. 奇珍今年________岁，体重________千克，是成功生育过________胎双胞胎的“传奇”熊猫母亲。

3. 真真一岁零________，相当于人类________的小孩，性格________，活泼好动，体重约________千克。

二、选择加点词语的正确解释。

1. 这对母女大熊猫都是圈养繁殖。（　　）

A 环形　B 关闭　C 周　D 养家畜的棚栏

2. 真真一岁零四个月，相当于人类三四岁的小孩。（　　）

A 等于　B 相同　C 对于　D 相比

3. 待其逐步适应野外环境后再放归。（　　）

A 对待　B 等待　C 招待　D 需要

4. 今年1月，首批6只亚成年（二至四岁）大熊猫入驻熊猫谷。（　　）

A 亚洲　B 第二　C 接近　D 次等

5. 入驻熊猫谷后，要吃竹子它们就需要自己觅食了。（　　）

A 捡　B 折　C 找　D 吃

6. 研究人员将通过 GPS 项圈监测它们的一举一动。 （ ）

A 抬起手脚　　B 走路的样子

C 所有的动作行为　　D 活动的范围

三、根据课文内容，选择正确答案。

1. 关于“熊猫谷”，与课文相符的是： （ ）

A 在四川峨眉山附近

B 占地 120 亩

C 于今年 1 月正式启动

D 拥有原生态野化训练场

2. 关于奇珍，课文里没有提到的是： （ ）

A 她的年龄和体重

B 她的繁殖情况

C 她的性格特征

D 她的成长环境

3. 关于真真，与课文不符的是： （ ）

A 它是奇珍最小的孩子

B 从出生就住在“熊猫谷”

C 它一岁零四个月，相当于人类三四岁的小孩

D 它体重约 80 斤，活泼好动

4. 关于“野化放归”，与课文不符的是： （ ）

A 野化放归是在原生态的环境中进行的

B 帮助圈养动物逐步适应野外环境再放归自然

C 奇珍和真真是第一对野化放归的母女大熊猫

D 大熊猫的野放训练要经过三至五年才能完成

四、以《让圈养动物回归自然》为题，写一篇 200 字左右的短文。

文言篇

芙蓉鸟

阅读要求：45 字，阅读时间 5 分钟，答题时间 10 分钟。

- 王生畜芙蓉鸟，鸟善鸣，生甚爱之。一日忘闭笼门，适猫在旁，攫之去。曰："噫！何猫之可恶也。"
- 王生畜芙蓉鳥，鳥善鳴，生甚愛之。一日忘閉籠門，適貓在旁，攫之去。曰："噫！何貓之可惡也。"

一、选择加点词的正确解释。

1. 生　A 读书人　B 小孩子
2. 畜　A 饲养　B 收藏
3. 甚　A 甚至　B 非常
4. 适　A 刚才　B 正巧
5. 噫　A 唉，表示悲叹　B 喂，表示呼叫

二、选择正确答案。

1. 关于芙蓉鸟，与课文不符的是：（　　）

A 芙蓉鸟的叫声很好听
B 王生忘了关鸟笼的门
C 鸟从笼子里飞走了
D 芙蓉鸟被猫抓走了

2. 关于王生，与课文不符的是：（　　）

A 王生姓王，名字叫生
B 王生养了一只芙蓉鸟
C 王生很喜欢这只芙蓉鸟
D 王生觉得猫太可恶了

三、将繁体字与相应的简体字连起来。

愛　　閉　　籠　　適　　貓　　惡

闭　　爱　　笼　　猫　　恶　　适

四、将课文译成白话文。

单元练习

一、朗读词组或小句，注意词语的用法。

1. 展开
～调查
～讨论
～合作
～竞争

2. 以……为……
～孩子～骄傲
～尊重生命～基础
～身体不适～借口
～成功人士～榜样

3. 如此
～认真
～激动
～不负责任
～对待他人

4. 拿……开玩笑
～生命～
～别人～
～规则～
～自己的前途～

5. 之余
学习～
工作～
忙碌～
失望～

6. 连……带……
～吃～喝
～蹦～跳
～名～姓
～皮～肉

7. 趁
烤鸭得～热吃
有病要～早治
～着没下雨，赶快走
～着现在年轻，多学一些知识

8. 十足
信心～
魅力～
干劲～
动力～

9. 不禁
～红了脸
～害怕起来
～流下眼泪
～想起了家乡

10. 相当于
山东省的面积～ 9 个北京
他的文化程度～高中毕业
苹果手机的价格～他一个月工资
这只大熊猫 38 岁，～人类 114 岁

二、选字填空。

料	闻	言	盗	逐
视	趁	混	打	亚

1. ____今儿起，北京将执行最严格的禁烟规定。
2. 老王对儿子严肃地说："你已经三十了，不能再这样____下去了。"
3. 工厂里，工人们正在____个检查产品的质量。
4. 如他所____，大熊猫野放训练一开始进行得并不顺利。
5. 我的自行车今早被____了，小偷实在太可恨了！
6. 失眠、没有食欲、容易疲劳，这些都是____健康的表现，需要引起重视。
7. 对爱狗人士而____，吃狗肉是一种应该废除的陈规陋习。
8. ____着在北京，我要好好逛逛这里的名胜古迹。
9. 百____不如一见，长城的确是雄伟壮观，值得一来。
10. 父母不应该____孩子为自己的私有财产，而应该平等对待。

三、选词填空。

纵容	忠诚	废除	触犯	伦理
容忍	遭遇	趁机	犀利	从容

1. 他________了法律，得到了应有的惩罚。
2. 想起自己过去十几年的________，父亲不禁流下眼泪来。
3. 周末的早上，邻居家震天的装修噪音让他实在无法________。
4. 尽管迟到了，但他并没有着急，而是________地穿好衣服走出门去。
5. 今年房价大幅下跌，我的同事________购买了一套学校附近的房子。
6. 这部电影因为违背了基本的________道德而被人们批评。
7. 幸福的婚姻离不开对爱情的________。
8. 他用________的目光一直盯着我，我不禁紧张起来。
9. 家长不能________孩子说谎，一旦发现要及时批评教育。
10. 很多人担心，一旦________死刑，将会引起社会混乱。

四、近义词填空。

1. A 密切　B 亲切　C 热切　D 亲密

（1）中国人民________盼望着“中国梦”的实现。
（2）哥俩从小就________无间，不管去哪儿都是一起。
（3）随着经济和文化上的不断合作，中韩两国关系更加________。
（4）每到过年，我都会收到很多来自朋友的________问候。

2. A 采取　B 采用　C 采纳　D 采集

（1）近些年来，北京市政府________了很多措施治理空气污染。
（2）为了________相关数据，研究人员早出晚归，非常辛苦。
（3）该款手机________了目前最新的显示技术，屏幕非常清晰。
（4）这次学校改革，校长________了不少老师们的建议。

3. A 眼神　B 眼光　C 眼力　D 眼色

（1）我姐姐找对象________太高，看不上一般男的。
（2）电影中，那位男演员的________总是那么忧郁。
（3）收藏古代字画，收藏者要有过人的________。
（4）小王很会看领导的________做事，深受领导喜爱。

4. A 发布　B 宣布　C 公布　D 散布

（1）北京晚报报道，一男子因在网上________谣言被警方拘留。
（2）工人们希望能将企业领导们的经费使用情况________于众。
（3）华为公司近日________了最新的手机产品。
（4）老师一________下课，同学们就开始收拾起书包了。

5. A 栋　B 家　C 户　D 套

（1）这个小区一共有八________楼。
（2）这________旅行社的服务态度非常好。
（3）我朋友在北京拥有三________房子。
（4）姥姥住的村子现在只剩下十几________人家了。

HSK 拓展训练

一、选出有语病的一项。

1. A 迷信行为的大量存在，是因为它们满足了人们的很多心理需求。

   B 我们居住的室内环境和地层土壤中的温度通常情况下具有一定的温差。

   C 海洋垃圾会对海洋生态系统产生致命影响，对海洋经济导致负面效应。

   D 我们的态度是大力推广普通话，同时采取必要的措施积极保护方言。

2. A 再长的路，一步步也能走完；再短的路，不迈开双脚也无法到达。

   B《红楼梦》是中国古典长篇章回体小说，称它为中国四大名著之一。

   C 简而言之，父母是什么样的人，远比他们对孩子做什么更重要。

   D 教育应该告诉人们方法，让人运用这种方法去认识世界、改造世界。

二、选词填空。

1. 一位美国心理学家提出，一个人的自尊心______实际成就与自我期待之比。很多成功学______广受批评，就错在过分夸大了一个人的自我期待，使人们缺乏耐心。当自我期待与实际成就之间的______越来越大时，我们的自尊心就会______受挫。

A 等于	所以	差距	严重
B 同于	所谓	距离	沉重
C 在于	因此	差别	大大
D 相等	因为	鸿沟	非常

2. 人人都计较报酬。当报酬太低时，人们就______失业，因为失业更合算。怎样才算“报酬太低”，各人有各人的______。对于美国前副总统戈尔来说，离职后若找不到哈佛校长______的职位，报酬就算是太低了。但不管是谁，失业都是______的选择，而不是被动地接受。所有失业都是自愿的。

A 接受	条件	这样	自己
B 希望	要求	类似	自我
C 宁愿	标准	之类	主动
D 愿意	理解	等等	无奈

三、选句填空。

中医主张“防病于未然”，即重点在防病，而非治病。中医认为，人生病的原因不在于他发病之时，（1）________________，所以应当在人没有生病的时候下功夫。中医有发达的预防医学，这也是其不同于西医的重要特色之一。

中医认为防病的关键在于人与自然的平衡。人生活在自然界之中，来自于自然，因此要契合自然的节奏，（2）________________。对此，中医提出“起居有常”的思想——人的活动要适应自然的规律。如春天气温上升，人的身体也渐渐向外扩张，皮肤松弛，汗腺舒张，容易产生湿症，必须防湿；而秋天是收缩的季节，（3）________________，皮肤紧缩，汗腺收紧，这时要注意补水，食物要清淡。

防病还在于保持精神的平衡。病从心起，养生重在养心。人是具有复杂感情和精神的动物，（4）________________，容易引起疾病。如人遭受精神刺激，疾病往往也会跟着到来。而心情长期处于消极郁闷、性情暴躁、嫉妒攀比等不良心理状态，都容易导致疾病。中医养心的思想与中国文化重视人的德性修养的思想是一致的。（5）________________，长寿的人，往往是待人和善、精神平衡的人，也就是心理健康的人。

A 中国人有“仁者寿”的说法

B 精神平衡被打破

C 实现人与外在世界的和谐

D 人的气血也由外部流向内里

E 没有发病时病便已经存在了

第11单元

女性

精读篇

汉字“她”的由来

阅读要求：716字，阅读时间10分钟，答题时间15分钟。

导读

汉字产生之初，象形字占大多数，如“人”“马”“牛”等。后来形声字成了汉字的主体，用形旁表示意思或类属，用声旁表示相同或相近的发音，这种造字法十分高效，如“洋”“梅”“饭”“想”等。那么，汉字中表示第三人称女性的“她”是怎么产生的呢？

读前准备

1. 读出下面带“女”字旁的汉字，并说说它们的意思。

姑　姨　娃　妻　婆　媳　嫂

妖　婴　姿　嫩　嫌　娶　嫁

2. 选一个你认识的汉字，试着讲讲与它有关的文化背景吧。

课文

教我如何不想她

天上飘着些微云，
地上吹着些微风。
啊！
微风吹动了我的头发，
教我如何不想她？

月光恋爱着海洋，
海洋恋爱着月光。

啊！
这般蜜也似的银夜。
教我如何不想她？

水面落花慢慢流，
水底鱼儿慢慢游。
啊！
燕子你说些什么话？
教我如何不想她？

枯树在冷风里摇，
野火在暮色中烧。
啊！
西天还有些儿残霞。
教我如何不想她？

1　1920年9月4日，在伦敦留学的刘半农创作了题为《教我如何不想她》的小诗，同在伦敦留学的赵元任为这首诗谱了曲，在国内传唱开来。有人说，这是一首写给女友的情歌，但更多的人认为，“她”字代表的是中国，这首诗反映了刘半农在异国他乡思念祖国的心声。

2　《教我如何不想她》的“她”字，是刘半农首创。汉字中的“他”无男女之分，使得翻译外国文学作品或自行创作文学作品很不方便。初时，人们以“伊”字作为女性之“他”，如鲁迅的早期小说《阿Q正传》《祝福》等，均用“伊”字来代替女性之“他”。然而，“他”与“伊”是截然不同的两个字，用起来仍有不少麻烦，刘半农反复琢磨，创造了“她”字，作为女性之“他”。后来“她”字得到社会认可，广泛通行开来，如今“她”在汉语中早已司空见惯了。

3　在传统的男权社会里，妇女处于从属与被压制的地位，汉语的第三人称代词只有单人旁的“他”，专指女性的人称代词“她”是不存在的。一个“她”

字的诞生，意义非同小可，它不仅对白话文的推广起到了重要作用，更重要的是，它在文字上赋予中国女性一个专有的位置。

4　2000 年 1 月，美国方言学会曾经举行过一次别出心裁的“世纪之词评选活动”，获得提名的世纪之词有“自由”“正义”“科学”“自然”等，而进入决赛的只有两个词，那就是“科学”（science）和“她”（she）。最后，“她”以 35 票对 27 票战胜了“科学”，被评为 21 世纪的世纪之词。

生　词

1. 微风	wēifēng	（名）	微弱的风。◇～拂面
2. 蜜	mì	（名）	蜂蜜。◇蜜蜂采～ | 花～
3. 燕子	yànzi	（名）	鸟名，身体小，背部羽毛黑色，腹部白色，常在屋檐下筑巢。
4. 枯	kū	（形）	（植物等）失去水分。◇～树 | ～草
5. 暮色	mùsè	（名）	傍晚昏暗的天色。
6. 残	cán	（形）	剩下的。◇～阳 | ～敌 | ～羹剩饭
7. 霞	xiá	（名）	日出或日落前后天空中出现的彩色的光或云。◇晚～ | ～光万丈
8. 创作	chuàngzuò	（动）	创造作品（多指文学艺术方面的）。◇文学～ | 艺术～
9. 谱曲	pǔqǔ	（动）	为歌词等配上乐曲。◇为诗词～
10. 传唱	chuánchàng	（动）	（歌曲等）流传歌唱。◇～千古 | 广为～
11. 反映	fǎnyìng	（动）	比喻显现出客观事物的本质。◇这部电视剧～了当前的社会现实。
12. 截然	jiérán	（副）	界限分明地。◇～不同 | ～分开
13. 琢磨	zuómo	（动）	反复思考。◇～了很久 | 这个问题我还得再～～
14. 认可	rènkě	（动）	许可；同意。◇得到～ | 双方都～
15. 广泛	guǎngfàn	（形）	涉及的方面广，范围大；普遍。◇内容～ | 题材～
16. 通行	tōngxíng	（动）	通用；流行。◇全国～ | 这种信用卡在大部分国家～
17. 男权	nánquán	（名）	又称父权，指男子在家庭、社会中的支配性特权。
18. 从属	cóngshǔ	（动）	依附；附属。◇处于～地位 | 分公司和总公司是～关系
19. 压制	yāzhì	（动）	竭力限制或制止。◇受到～ | ～不住怒火

20. 诞生	dànshēng	（动）	（人）出生。◇他～在兵荒马乱的年月
21. 白话文	báihuàwén	（名）	与文言文相对。文言文是古代的正统文体，白话文是用白话口语写成的文章。
22. 推广	tuīguǎng	（动）	使事物应用或施行的范围扩大。◇～普通话 | ～新技术
23. 评选	píngxuǎn	（动）	评比并推选。◇～最佳歌手 | 公布～结果

专有名词

1. 刘半农（1891—1934）：江苏江阴人，原名寿彭，后名复，字半农，文学家、语言学家和教育家。
2. 赵元任（1892—1982）：江苏武进人，现代著名学者、语言学家、音乐家。
3. 鲁迅（1881—1936）：浙江绍兴人，原名周樟寿，后改名周树人，“鲁迅”是他影响最为广泛的笔名，著名文学家、思想家，中国现代文学奠基人。

语言点

一、开来

“开来”作趋向补语，主要表示以下两种意义：（1）表示人或事物随动作分开，如“平时是沙发，拉开来可以当床”；（2）表示事物随动作展开，如“今年的流感来势汹汹，病毒很快在人群中蔓延开来”。

◆ 选择合适的词语填空。

普及开来　　传播开来　　区分开来　　传递开来

1. 这张照片很快在各大论坛、微博上__________。
2. 临床上一定要把焦虑症与抑郁症__________，抑郁症具有高自杀率的特点。
3. 多家爱心团体联合发起为贫困山区捐款捐衣活动，让爱__________。
4. 此后，篮球这项运动在世界范围内__________。

二、不仅……，更重要的是……

用来连接两个具有递进关系的小句，表示除了第一分句的意思之外，还有更深一层的意思，如“学习不仅要学到知识，更重要的是要掌握学习知识的有效方法”“大数据不仅是大，更重要的是要有应用价值”。

◆ 完成下面含有“不仅……，更重要的是……”的句子。

1. 成功不仅是挣了多少钱，更重要的是＿＿＿＿＿＿。

2. 幸福不仅是物质上的富裕，更重要的是＿＿＿＿＿＿。

3. 合格的驾驶员，不仅要有良好的驾驶技术，更重要的是要有＿＿＿＿＿＿。

4. 好的产品设计不仅要美观大方，更重要的是＿＿＿＿＿＿。

读后练习

一、根据课文内容，选择正确答案。

1. 关于《教我如何不想她》的创作，与课文不符的是：（　　）

A 这首诗写于 1920 年，作者是刘半农

B 创作这首诗时，刘半农正在伦敦留学

C 给这首小诗谱曲的赵元任先生当时也在伦敦留学

D 这首歌一经产生，便在伦敦地区流行开来

2. 关于《教我如何不想她》这首诗，以下哪种说法不正确？（　　）

A 这首诗格式整齐，一共有四小节，每节五句

B 每节最后一句都是“教我如何不想她？”

C 这是一首文言诗，运用了借景抒情的写作方法

D 多数人认为，这首诗反映了作者对祖国的思念之情

3. 关于汉字“她”的产生过程，与课文不符的是：（　　）

A 最初单人旁的“他”字既可以表示男性，也可以表示女性

B 人们起先用“伊”字代表女性的“他”

C 鲁迅先生的早期作品中，没有“他”，只有“伊”

D 刘半农在《教我如何不想她》中首创了“女”字旁的“她”字

4. “她”字的诞生，最重要的意义在于：（　　）

A 使女性摆脱了从属与被压制的地位

B 让中国女性在文字上有了一个专有的位置

C 对白话文的推广起到了重要作用

D 使翻译外国文学作品或自行创作文学作品更加方便了

5. 关于“世纪之词评选活动”，与课文不符的是：（　　）

A“世纪之词评选活动”是由中国方言学会举行的

B“自由”“正义”“科学”“自然”等获得了提名

C 进入决赛的只有两个词，那就是“科学”（science）和“她”（she）

D“她”以 8 票优势，战胜了“科学”，当选 21 世纪的世纪之词

二、选择与目标词语意思相近的一项。

1. 谱曲	A 作曲	B 谱子	C 歌曲	D 乐曲
2. 反映	A 反应	B 放映	C 表现	D 反对
3. 琢磨	A 思想	B 思考	C 打磨	D 磨蹭
4. 通行	A 交通	B 进行	C 通过	D 通用
5. 从属	A 家属	B 服从	C 附属	D 属性
6. 压制	A 限制	B 压力	C 制作	D 调节
7. 推广	A 普及	B 推荐	C 广告	D 支持
8. 赋予	A 送给	B 获得	C 给予	D 发布

三、选择加点词语的正确解释。

1. 这般蜜也似的银夜。（　　）

A 像蜜一样甜美的　　B 充满神秘色彩的

C 蜜蜂飞来飞去的　　D 好像梦境一般

2. 这首诗反映了刘半农在异国他乡思念祖国的心声。（　　）

A 心脏跳动的声音　　B 发自内心的声音

C 心中的烦恼　　D 开心大笑的声音

3. 翻译外国文学作品或自行创作文学作品很不方便。（　　）

A 自由　　B 自己　　C 自动　　D 自助

4. 鲁迅的早期小说《阿 Q 正传》《祝福》等，均用“伊”字来代替女性之“他”。（　　）

A 都　　B 常　　C 仅　　D 却

5. 如今“她”在汉语中早已司空见惯了。（　　）

A 有空儿就看看，总会习惯的　　B 才看一眼就习惯了

C 司空见多了，所以很习惯　　D 看惯了，不觉得奇怪

6. 一个“她”字的诞生，意义非同小可。（　　）

A 事不一般，非常重要　　B 大体相同，稍有差异

C 不完全相同，有区别　　D 得到大家的一致认可

7. 美国方言学会曾经举行过一次别出心裁的“世纪之词评选活动”。（　　）

A 出乎意外，没想到的　　B 不被外人了解的

C 独创一格，与众不同　　D 水平很高，超过一般

8. 获得提名的世纪之词有“自由”“正义”“科学”“自然”等。（　　）

A 评选前提出的候选人或事物

B 大声读出选票上的名字

C 许多人在同一份文件上签名

D 提意见时不签名

四、选择与句中加点词语意思相同的一个，并说明其他三个的意思。

1. 汉语的第三人称代词只有单人旁的“他”。（　　）

A 要认识一个人，不能单凭第一印象。

B 近日，一则大学生晒账单的新闻引起了网友的关注。

C 由于离婚率的上升，生活在单亲家庭的孩子逐年增多。

D 调查发现，商品单价每提高 1 元，销售量就会减少 1%。

2. 专指女性的人称代词“她”是不存在的。（　　）

A 他赶到考场时，时钟指针正好指在 9 点。

B 看到父母做得不对时，孩子要不要指出来呢？

C 求人不如求己，不能光指着别人帮你，得靠自己努力。

D PM 2.5 指的是悬浮于空气中的直径小于或等于 2.5 微米的颗粒。

3. 它不仅对白话文的推广起到了重要作用……（　　）

A 男子到站还不下车，公交司机不觉起了疑心。

B 宝宝被蚊子叮了，额头上起了一个大包。

C 造成这起事故的主要原因是机动车未按规定避让行人。

D 毕业生起薪往往能够显示出一所学校的综合实力和社会认可度。

五、分组讨论。

《教我如何不想她》这首诗中提到了哪些景物？第四段所描绘的景物与前三段相比，有何不同，表现了诗人怎样的感情？

泛读篇

电影《20、30、40》

阅读要求：743字，阅读时间11分钟，答题时间15分钟。

导 读

人生就是一场旅行。在旅途中，我们会遇到各种各样的人，以及各种各样的事情。不同的人生阶段，面临的问题也大相径庭。由张艾嘉自编自导自演的浪漫喜剧片《20、30、40》给我们讲述了三个不同年龄段女性的故事。

读前准备

1. 下面这些关于女性的词语，意义和用法有什么不同？

女生　少女　女人　女性　妇女
萝莉　淑女　熟女　才女　女神

2. 介绍一位你熟悉和欣赏的女性。

课 文

1 由香港转飞台北的航班上，30岁出头的空姐想想和她的同事正聊着感情生活。想想夹在两个男友之间难以取舍——一个是成熟的医生，可惜是有妇之夫；一个是单身的年轻录音师，可惜不够成熟。40岁出头的Lily也在那一班飞机上，她和丈夫与17岁的女儿一起出国观光回来。这班飞机上还有20岁的小洁，这是小洁第一次单独旅行，她来到台湾，想在台湾实现当歌手的梦想。于是，三个女人的感情物语在这个城市蔓延开来……

2 虽然30岁的想想已经周旋在两个男人之间，但她却念念不忘在美国纽约的前男友。而忙着花店生意的Lily原本有着幸福的家庭生活，却在一次送花时目睹了一个将她的世界彻底击碎的秘密，这导致了她的离婚。至于来自马来西亚的小洁和从香港来的依童，两个女孩都想成为新人歌手，她们相依为命，却必须一起面对渺茫的未来。

3 《20、30、40》是一部描写三个不同年龄阶段女性生活状态的浪漫喜剧片，在影片中张艾嘉、刘若英、李心洁三位女影星同台飙戏，而最特别的是，剧本来自三位主演根据自身体验所写的故事。

4 张艾嘉笑言，自己这次演40岁女人是“抓住时间的尾巴”，因为自己已经50岁了，所以拍摄时要和时间赛跑，以免被人取笑。她与饰演其男友的任贤齐平时很熟，合作起来很开心。

5 李心洁饰演20岁的小洁，在片中有一段同性间的朦胧情感，让很多人觉得大胆。对此，李心洁坦言自己有很多亲密的女性朋友，“我们逛街时会拉着手走，有时候甚至一起洗澡，一起睡觉。我觉得女孩子之间有一种很重要的感情，那是没法用语言形容的，跟男朋友再好也没法达到”。

6 扮演30岁空姐想想的刘若英，对于这个年龄的女人想得很透：“20岁的女性还有很多时间去做不切实际的梦，40岁的女性则大多都认命了，最矛盾的是30岁的女人。30岁的女性得做很多决定，例如住什么样的房子，交什么样的男朋友，需要什么样的爱人，甚至决定是否生一个小孩。”

（改自《北京青年报》，作者萧扬）

生　词

蔓延 mànyán	周旋 zhōuxuán	目睹 mùdǔ	彻底 chèdǐ
渺茫 miǎománg	飙 biāo	拍摄 pāishè	饰演 shìyǎn
朦胧 ménglóng	坦言 tǎnyán		

读后练习

一、回答问题。

1. 影片的三位女主人公叫什么名字？扮演她们的演员是谁？
2. 三位主人公从事什么职业？婚姻状况如何？
3. 故事发生在哪座城市？

二、判断正误。

1. 想想、Lily、小洁一起坐飞机从香港飞往台北。（　　）
2. Lily 是跟丈夫、17 岁的女儿一起去台北旅行的。（　　）
3. 小洁去台湾是为了在那里实现自己当歌手的梦想。（　　）
4. 想想的感情生活很复杂，前男友在美国，现男友是医生。（　　）
5. Lily 离婚是因为她在送花的过程中结识了现在的男友。（　　）
6. 这部影片的剧本是导演根据三位主演的真实体验创作的。（　　）
7. 李心洁认为，女孩子之间的感情比跟男朋友的感情更亲密。（　　）
8. 刘若英认为，30 岁的女人最矛盾，因为她们有很多梦想。（　　）

三、选择加点词语的正确解释。

1. 想想夹在两个男友之间难以取舍。（　　）

A 很难做出选择　　B 好不容易才得到
C 无法放弃　　D 无法取得

2. 于是，三个女人的感情物语在这个城市蔓延开来……（　　）

A 对话　　B 小说
C 故事　　D 成语

3. 虽然 30 岁的想想已经周旋在两个男人之间，但她却念念不忘在美国纽约的前男友。（　　）

A 沟通　　B 应酬
C 传递消息　　D 旋转

4. 却在一次送花时目睹了一个将她的世界彻底击碎的秘密。（　　）

A 偶然看见　　B 双眼注视

C 看不下去　　D 亲眼看见

5. 在影片中张艾嘉、李心洁、刘若英三位女影星同台飙戏。（　　）

A 配合主要演员演戏　　B 演戏时耍大牌，发脾气

C 起劲儿地演戏，比赛演技　　D 演戏时对角色非常投入

6. 扮演 30 岁空姐想想的刘若英，对于这个年龄的女人想得很透。（　　）

A 理解得很深刻　　B 思考了很久

C 伤透了脑筋　　D 琢磨来琢磨去

7. 20 岁的女性还有很多时间去做不切实际的梦。（　　）

A 隔断；切断　　B 相合；符合

C 一定；务必　　D 靠近；接近

8. 40 岁的女性则大多都认命了。（　　）

A 认为自己有能力改变命运　　B 相信命运是由自己决定的

C 觉得人不一定要相信命运　　D 承认不幸遭遇是命中注定的

四、填空。

1. 20 岁的小洁 _____ 马来西亚，她来到台湾，想在台湾实现当歌手的 _____，她和从香港来的依童有一 _____ 同性间的朦胧情感。

2. 30 岁出头的想想是一位空姐，她 _____ 在两个男友之间难以 _____：一个是成熟的医生；一个是单身的年轻录音师。虽然想想已经 _____ 在两个男人之间，但她却 _____ 在美国纽约的前男友。

3. 40 岁出头的 Lily，忙着花店生意，她 _____ 有着幸福的家庭生活，却在一次送花时 _____ 了一个将她的世界彻底击碎的秘密，这 _____ 了她的离婚。

读报篇

"女性时代"面临的问题

阅读要求：569字，阅读时间8分钟，答题时间12分钟。

核心提示： 合众国际社发表了题为《女性的时代》的文章。文章称，如今关于妇女最重要的事实：一是世界正面临女性人口严重不足的情况；二是女性正在成为受教育程度更高的一方。

亚洲女性缺口逾2亿

根据2005年联合国对全球各国的男女比例进行的调查，按照正常的男女比例，亚洲的女性人口缺少1.63亿。如今，再次通过计算可以得出，亚洲女性的缺口已达2.05亿。在很大程度上，这要归因于中国过去三十年来所实施的独生子女政策。出于文化原因，既然只能有一个孩子，中国家庭往往会选择生男孩，而超声波扫描的广泛运用使得父母可以查出胎儿的性别。中国的官方数字显示，2009年，中国5岁以下儿童的男女比例为119∶100，20岁以下人口中，男性比女性多出3330万人。

亚洲其他国家也有类似的情况。在印度、巴基斯坦、韩国和越南，尽管法律禁止故意流产女性胎儿，但10岁以下女孩人数仍比合理数量少10%。

女毕业生人数超越男性，但女性总体受教育程度仍偏低

尽管女性的缺口越来越大，她们的学历却正在超过男性。在欧洲和北美地区，过去三年，在获得本科学历的大学生中，女性占到了59%，而且，在传统上由男性把持的院系中，如法学院、医学院、理科学院中，女生的比例也在逐渐超过男生。在伊朗、墨西哥、巴西、印度尼西亚和俄罗斯，女性占到了本科毕业生的60%以上。不过，在全球范围内，女性却占到文盲总数的2/3，这表明女性受教育程度总体仍偏低。

世界银行最近发布的一份研究报告说，如果对妇女教育进行投资，并使男女的就业率持平，那么，国内生产总值将会增加5.4%。每让女孩多上一年学，她们的工资就能增加10%，婴儿死亡率会降低至少5%。

（改自参考消息网）

读后练习

一、填空。

1. 2005年，亚洲的女性人口缺少________；如今亚洲女性的缺口已达________。
2. 2009年，中国________儿童的男女比例为119：100，________人口中，男性比女性多出3330万人。
3. 在________、墨西哥、________、印度尼西亚和________，女性占到了本科毕业生的60%以上。
4. 每让女孩多上一年学，她们的________就能增加10%，婴儿________会降低至少5%。

二、选择加点词语的正确解释。

1. 亚洲女性缺口逾2亿。（　　）

A 未达到标准之处　　B 数量不足的部分

C 物体少一块的地方　　D 物体损坏不全的地方

2. 这要归因于中国过去三十年来所实施的独生子女政策。（　　）

A 由……负责　　B 归……管理

C 归并；概括　　D 合在一起

3. 在传统上由男性把持的院系中，女生的比例也在逐渐超过男生。 (　　)

A 守卫　　B 监测

C 数量上占优势　　D 主持并管理

4. 在全球范围内，女性却占到文盲总数的2/3。 (　　)

A 不常写字的人　　B 文字工作者

C 无知狂妄的人　　D 不识字的成年人

5. 这表明女性受教育程度总体仍偏低。 (　　)

A 与某个标准相比有差距　　B 故意跟别人的要求相反

C 离开了正确的方向　　D 远离中心的边远区域

6. 如果对妇女教育进行投资，并使男女的就业率持平…… (　　)

A 保卫和平　　B 保证公平

C 保持持续不断　　D 保持数量相等

三、根据课文内容，选择正确答案。

1. 关于中国男女比例失衡的原因，课文里没有提到的是： (　　)

A 独生子女政策

B 中国家庭偏好男孩

C 超声波扫描的广泛运用

D 男生意外死亡率高于女生

2. 关于女性受教育程度，与课文不符的是： (　　)

A 欧洲和北美地区，女性的学历正在超过男性

B 女性占本科毕业生的比例，俄罗斯高于北美地区

C 在法学院、医学院、理科院系中，女生的比例一直高于男生

D 全球范围内，女性占文盲总数的2/3

3. 关于投资女性教育的好处，课文里没有提到的是： (　　)

A 国内生产总值会增加

B 全球贫困问题会得到解决

C 女性工资会有所增加

D 婴儿死亡率会降低

4. 以下哪种观点与本文的观点不符？（ ）

A 全球正在面临女性人口不足

B 女性本科毕业生人数正在超过男性

C 全球女性教育投资正在逐渐增加

D 全球范围内，女性受教育程度总体仍偏低

四、以《谈谈女性的教育问题》为题，写一篇 200 字左右的短文。

文言篇

衣

阅读要求：42 字，阅读时间 5 分钟，答题时间 10 分钟。

- **人之有衣，犹鸟兽之有毛羽也。鸟兽有毛羽，然不能制衣，人能制衣，故虽无毛羽，而不畏寒。**

- **人之有衣，猶鳥獸之有毛羽也。鳥獸有毛羽，然不能製衣，人能製衣，故雖無毛羽，而不畏寒。**

一、选择加点词的正确解释。

1. 犹	A 好像	B 犹豫
2. 然	A 虽然	B 可是
3. 故	A 原因	B 因此
4. 虽	A 虽然	B 如果
5. 畏	A 可怕	B 害怕

二、选择正确答案。

1. 关于“衣”和“毛羽”，与课文不符的是：（　　）

A 人有衣服
B 人的衣服相当于鸟兽的毛羽
C 鸟兽有毛羽
D 人无毛羽，所以怕冷

2. 关于“制衣”，与课文不符的是：（　　）

A 人没有毛羽
B 人用毛羽做衣服
C 人能做衣服，所以不怕寒冷
D 鸟兽不能做衣服

三、将繁体字与相应的简体字连起来。

猶	鳥	獸	製	雖	無
无	兽	犹	鸟	虽	制

四、将课文译成白话文。

单元练习

一、朗读词组或小句，注意词语的用法。

1. 开来
通行～
流传～
区别～
蔓延～

2. 之分
朋友有亲疏～
食物有寒性和热性～
肿瘤有恶性和良性～
工作没有高低贵贱～

3. 反复
～考虑
～讨论
～协商
～沟通

4. 处于
～青春期
～经济高速发展期
我方～有利地位
病人～昏迷状态

5. 可惜
我很想参加，～没有时间
这件衣服我很喜欢，～价钱太贵了
表演很精彩，～您没来
演员的颜值很高，～演技不佳

6. 透
想得很～
猜不～她的心思
有点儿让人琢磨不～
他对这个问题看得很～

7. 是否
您对服务～满意
外星人～真的存在
这种假设～成立
您～出席今天的晚会，烦请告知

8. 逾
年～古稀
年收入～20万
世界人口～70亿
肥胖者～三成

9. 出于
～安全考虑
～自愿原则
～天气原因
～不可告人的目的

10. 偏
体型～胖
血压～高
就业率～低
全球气温比往年～高1.8℃

二、选字填空。

指	谱	首	评	赛
透	切	逾	偏	占

1. 记者走进市急救中心，探访与时间____跑的急救医生。
2. 截至 2014 年底，全国 60 岁及以上老年人口 2.12 亿人，____总人口的 15.5%。
3. 女孩子心里到底在想什么，男生永远猜不____。
4.《福布斯》将阿里巴巴____为全球最佳 B2B 站点之一，并名列综合类第一名。
5. 王永民____创了“汉字字根周期表”，发明了五笔字型汉字输入法。
6. 年轻人的有些想法看起来不____实际，但这也许成为激发他们创新的动力。
7. 这里将修建一座供市民使用的图书馆，总占地面积____1.3 万平方米。
8.《明月几时有》是一首宋词，现代人____了曲，非常好听。
9. “微商”____的是在微信朋友圈售卖商品的人。
10. 中国农产品产量虽然很大，但优质农产品的比例却____低。

三、选词填空。

创作	反映	广泛	推广	评选
目睹	彻底	周旋	拍摄	出于

1. 这部电影________了 20 世纪 80 年代北京人的生活状况和风俗习惯。
2. 网络流行语言能否被大家________接受，主要看它是否经得起时间的考验。
3. 安徒生一生________了多篇优秀童话作品，如《丑小鸭》《海的女儿》等。
4. 初次见面，________礼貌，应该先自我介绍，然后再请教对方的名字。
5. 他亲眼________了三十年来中国人民生活发生的巨大变化。
6. 电视台打算________一部反映在华外国人生活的大型纪录片。
7. 电商的产生和发展，________改变了人们的购物方式。
8. 为了治理空气污染，各大城市纷纷推出新举措，________新能源汽车。
9. 她以总经理秘书身份，________于政要与富商之间。
10. 为推进美丽乡村建设，我市决定举办首届“十佳乡村景观林”________活动。

四、近义词填空。

1. A 反映　B 反应　C 反响　D 上映

（1）中美合拍大片《空袭》将于 2017 年全球同步________。
（2）有人认为，桌面状态________了一个人的内心状态。
（3）研究发现，________速度越快的人，在朋友中越有魅力。
（4）节目播出后，在社会上引起了强烈________。

2. A 广泛　B 广阔　C 开阔　D 广大

（1）新能源汽车有________的发展前景。
（2）这次调研收获很大，大家的思路更加________了。
（3）这款游戏一推出，就受到了________玩家的追捧。
（4）虽然性格比较内向，但是我的兴趣爱好却非常________。

3. A 创作　B 创办　C 创立　D 创造

（1）哥白尼是波兰天文学家，他________了日心说。
（2）他辞掉工作，用自己的积蓄________了一家公司。
（3）他只学了半年汉语就拿到了 HSK 六级，________了奇迹。
（4）一件件用废旧材料________的艺术品让参观者大开眼界。

4. A 比例　B 比价　C 比分　D 比重

（1）男女________失衡会带来严重的社会问题。
（2）服务业在我国国民经济中的________逐年增加。
（3）最后一分钟，客队又攻进一球，将________扳平。
（4）美元对人民币的________是多少？

5. A 首　B 部　C 篇　D 则

（1）看了这________新闻，你有什么感想？
（2）你觉得这________报道的内容可信吗？
（3）观众完全被这________动画片迷住了。
（4）这________歌曲感动了一代又一代，久唱不衰。

HSK 拓展训练

一、选出有语病的一项。

1. A 周末我不是睡觉，就是吃饭，再不就是看电视。

B 在我国悠久的古代文明中，书籍产生的时代很早，有漫长的发展历史。

C 在景色优美的园林中散步，有助于消除紧张和疲乏，并且脑力、体力得到恢复。

D 狗可以听到 10 万赫兹以上的声音，它的嗅觉细胞数量是人的 24 倍，可以分辨大约两万种不同的气味。

2. A 如果自然是一本书，旅游就是阅读，你可以从中收获许多东西。

B 近年来城市垃圾不断增加，城市垃圾处理已成为环境保护的一大难题之一。

C 我完全没有想到，在这样一个浮躁的年代，还能有这样纯净的声音。

D 以前可能因为年龄小，不知道珍惜时间，现在我才体会到“一寸光阴一寸金，寸金难买寸光阴”这句话的真正含义。

二、选词填空。

1. 随着生活______的提高，人们越来越______服饰的作用。服饰______可以体现出一个人的形象与风采，更能______出一个人的审美情趣。

A 方式　重视　不但　描写

B 水准　觉得　不是　反应

C 水平　注重　不仅　反映

D 地位　发现　虽然　表达

2. 当你看到昆虫在花间______，这是它们在传播花粉。当一只蜜蜂来到一朵花上时，它会获取到花粉。当它飞到______一朵花上时，它撒下______的一些花粉，然后取得更多。蜜蜂辛勤工作的______是它能得到含糖的花蜜作为“薪金”。

A 飞舞　另　其中　回报

B 飞翔　还　其他　报答

C 起舞　又　剩下　报应

D 起飞　别　中间　工资

三、选句填空。

要接受并欣赏一种艺术，需要相当长的一个过程，那就需要逐渐地去适应，去熟悉，去习惯，去理解。这样，（1）______________，引发起对它的爱好。

接受并欣赏京戏，尤其需要这样一种过程。如果说任何艺术品都有它特定的语言______________，那么京戏的特定语言就是（2）______________之一。正如我们说拼音文字是最易懂的，可是至今未能破译的玛雅文字却像天书一样，令人感到扑朔迷离。除了（3）______________，谁愿意去和这谜一般的玛雅文字打交道呢？

观众要接受京剧，就先要使京剧的特定语言在自己心中有一个破译过程。这种过程必须经过较长时间的熏陶，才能慢慢习惯起来。以我自己为例，我在五六岁时被喜爱京剧的外祖母经常带到剧场看戏，往往不到终场即已昏昏入睡，（4）______________。有好一阵，如果不是孩子爱热闹的心理，我对剧场中刺耳的锣鼓喧哗是难以忍受的。我也害怕老生或老旦一直呆坐着或呆站着大段干唱。我看武戏开打才感到有点儿意思。但我并不懂功架身段，只知道黑花脸杀出红花脸杀进，打旋子，翻筋斗，耍花枪……这些近于杂技式的功夫。后来年岁渐长，在较长的看戏过程中，由于（5）______________，也由于大人在闲谈中无形的点拨，才逐渐习惯京剧语言，并喜欢上京戏。

A 语言学家、考古学家外

B 才能培养起对它的兴趣

C 散场后由家里人抱着回家

D 耳濡目染、潜移默化

E 比较难以接受的艺术语言

第12单元

外国人在中国

精读篇

“老外”的标签该摘掉了

阅读要求：769 字，阅读时间 11 分钟，答题时间 15 分钟。

导　读

近些年，来广州打工的非洲籍外国人日渐增多，并在小北地区形成了人口密集的聚居区。国外务工人员的涌入，既推动了当地经济的发展，同时也带来了新的社会问题。那么，我们究竟该如何看待这个现象呢？

读前准备

1. 如果在中国长期居住，你会选择下面哪座城市，为什么？

北京	上海	广州	深圳	天津
重庆	成都	大连	青岛	其他_____

2. 谈谈你对大量外国移民涌入的看法。

课　文

1　　有记者就非洲人大量涌入广州这一问题采访了中山大学城市与区域研究中心的研究人员，以下是采访实录。

2　　记者：相比于韩国人在北京望京、日本人在上海的古北形成聚集区，您认为为何广州能成为亚洲最大的非洲人聚集地？

3　　研究人员：我认为这是偶然性与必然性的结合。上世纪末，第一批来中国的非洲人很多都在东南亚和香港生活过，1997 年金融危机时他们来到中国，恰巧挑选了广州的小北。广州是中国南方的经济中心，这是经济原因。广州的气候和东南亚很相似，让原来居住在东南亚的非洲人比较习惯，这是自然原因。历史上广州的移民和侨民很多，有外国人居住的历史很早，明清时期，广州就是重要的通商口岸，因此当地人能够接受异域文化，这是文化和历史原因。广州人讲究实用主义，只要相互之间没有矛盾，你挣你的钱，我挣我的钱，“井水不犯河水”，和平共存，这是广州的传统。改革开放后，从内陆地区到广州打工的外来人口非常多，这让广州变得更加包容。

4 记者：您认为广州的非洲人在多大程度上融入了当地人的生活？

5 研究人员：非洲人融入广州本地生活，我认为可以分四个过程：一是浅层次的、表面上的交流沟通，二是经济上的沟通交流，三是社会与文化层面的融合，四是通婚与种族融合。目前非洲人在广州的生活，正处于第二个过程。非洲人想要真正融入广州当地人的生活还需要时间。

6 记者：最近一年来，接连发生多起有关“好老外”和“坏老外”的争议，这一现象反映了什么社会心态？

7 研究人员：这表明中国人对待外国人正朝着正常心态、正常观念回归。以前是“崇洋媚外”，现在发现原来老外不一定比中国人强。一直以来社会上一些人喜欢贴标签，实际上差异化和多元化才是各类族群与社会的本质。“老外”来自不同国家，有着不同的生活背景，有的素质高有的素质低是正常的。作为世界第二大经济体，中国被越来越多的外国人视为淘金之地，在这个全球化时代，“老外”的标签该摘掉了。

（改自《齐鲁晚报》）

生 词

1. 区域	qūyù	（名）	地区范围。◇～经济 | 在特殊～实行自治
2. 聚集	jùjí	（动）	集合；凑在一起。◇～资金 | ～起来
3. 偶然	ǒurán	（形）	不是经常的；意想不到的。◇～事件 | ～因素
4. 必然	bìrán	（形）	表示事情一定是这样。◇～趋势 | 学习一门外语时～会犯错误
5. 金融	jīnróng	（名）	货币资金的融通。一般指与货币流通和银行信用有关的一切活动。
6. 危机	wēijī	（名）	严重困难的关头。◇经济～ | 信任～

7. 恰巧	qiàqiǎo	（副）	恰好；凑巧。◇昨天他给我打电话的时候，我～经过他家。
8. 侨民	qiáomín	（名）	住在外国而保留本国国籍的居民。
9. 通商	tōngshāng	（动）	（国家或地区之间）进行贸易。◇～口岸 | 与各国～
10. 异域	yìyù	（名）	外国。◇～文化 | ～风情
11. 实用	shíyòng	（形）	有实际使用价值的。◇这种家具既美观又～
12. 包容	bāoróng	（动）	宽容。◇～他人 | 学会～
13. 层次	céngcì	（名）	同一事物由于大小、高低等不同而形成的区别。◇多～ | 深～
14. 融合	rónghé	（动）	几种不同的事物合成一体。◇民族～ | 文化～
15. 通婚	tōnghūn	（动）	结成姻亲。◇在当地汉族与其他少数民族～现象比较普遍
16. 种族	zhǒngzú	（名）	人种。◇～歧视 | ～主义
17. 接连	jiēlián	（副）	一次跟着一次地；一个跟着一个地。◇～发生 | ～出现
18. 心态	xīntài	（名）	心理状态。◇～平静 | 调整～
19. 标签	biāoqiān	（名）	贴在或系在物品上标明品名、用途、价格等的纸片。◇贴～
20. 差异	chāyì	（名）	差别；不相同的地方。◇性别～ | 气候～

专有名词

1. 望京：地名，位于北京东北部，常住人口约30万人，其中韩籍人士占很大比例。
2. 古北：地名，位于上海长宁区虹桥路沿线，生活着众多来沪工作、居留的外籍人士。
3. 小北：地名，小北路位于广州市越秀区，是一条呈南北走向的主干道。

语 言 点

一、就

介词，指出观察、思考、分析、讨论、解释、说明、论述等活动的对象和范围，如“大家就明年的工作计划进行了热烈的讨论”“双方就经贸合作问题展开了磋商”。“就”经常跟“说”“来看”“来说”等搭配使用，如“就地铁建设来说，北京已经达到了发达国家水平”“就表演技巧来看，这位年轻演员还需要更多的积累”。

◆ 用“就”改写下面的句子。

1. 老师针对大家作业中出现的错误进行了详细的讲解。

____

2. 双方围绕该不该废除死刑的问题展开了针锋相对的辩论。

____

3. 在丰富学生文化活动的问题上，王老师提出了自己的看法。

____

4. 这位教授做了一场有关年轻人职业发展的精彩报告。

____

二、相比于

表示“和……进行比较”，一般用于第一小句句首，“相比于”中的“于”可以省略。如“相比于去年，今年公司的利润增加了 20%”“相比于他早期的作品，这位作家如今的作品更加成熟”“相比第一位面试者，这位面试者的工作经验更加丰富”。

◆ 完成下面含有“相比于”的句子。

1. 相比于________，我现在的汉语水平有了明显的进步。
2. 相比于________，中国在环境治理方面还需要做出更多努力。
3. 相比于十年前，______________________________。
4. 相比人类，机器人______________________________。

读后练习

一、根据课文内容，选择正确答案。

1. 关于外国人来华的情况，下面哪种说法不正确？（　　）

A 北京的望京地区是韩国人聚集地

B 上海的小北地区生活着大量日本人

C 大量非洲人来到广州，使广州成为亚洲最大的非洲人聚集地

D 如今越来越多的外国人来到中国

2. 关于广州这个城市，下面哪项与课文不符？（　　）

A 广州的气候和南亚很相似

B 历史上广州的移民和侨民很多

C 明清时期，广州就是重要的通商口岸

D 改革开放后，广州涌入了大量外来人口

3. 关于广州成为亚洲最大的非洲人聚集地的原因，课文里没有提到的是：（　　）

A 既有偶然性，也有必然性　　B 广州是中国南方的经济中心

C 广州是中国一线城市　　D 广州是一座非常包容的城市

4. 关于住在广州的非洲人，与课文不符的是：（　　）

A 很多是从东南亚和香港移民到广州的

B 这些非洲人比较习惯广州的气候

C 这些非洲人还没有真正融入广州当地人的生活

D 这些非洲人与当地人在文化层面沟通交流很多

5. 关于中国人对外国人的态度，下面哪种说法与课文不符？（　　）

A 过去很多中国人怀有“崇洋媚外”的思想

B 现在中国人对待外国人的心态正在回归正常

C 看待外国人，不要贴标签，再叫“老外”不合适了

D “老外”这个称呼体现了中国人对外国人的不尊重

二、选择与目标词语意思相近的一项。

1. 采访	A 采纳	B 走访	C 访问	D 出访
2. 聚集	A 聚会	B 团聚	C 团结	D 聚居
3. 恰巧	A 恰恰	B 恰当	C 恰好	D 巧合
4. 相似	A 相同	B 似乎	C 类似	D 一致
5. 通商	A 贸易	B 交通	C 合作	D 出口
6. 包容	A 包括	B 宽容	C 容纳	D 包含
7. 层次	A 层级	B 阶层	C 次序	D 层面
8. 差异	A 差距	B 异同	C 差别	D 差错

三、选择加点词语的正确解释。

1. 以下是采访实录。（　　）

A 亲手写成的稿件　　B 记录下来的录音

C 记录生活经历的文字　　D 按照真实情况记载的文字

2. 明清时期，广州就是重要的通商口岸，因此当地人能够接受异域文化。（　　）

A 当时政府开放的港口商埠　　B 海边供轮船停泊的建筑物

C 水陆交通的集结点　　D 实行特殊经济政策的地区

3. 广州人讲究实用主义。（　　）

A 重视使用工具的思想观念　　B 讲求实际利益的思想观念

C 追求性价比的思想观念　　D 不切实际的思想观念

4. 你挣你的钱，我挣我的钱，"井水不犯河水"，和平共存，这是广州的传统。（　　）

A 井水和河水分离开，不混用　　B 各过各的，互不干涉

C 不因为水产生矛盾　　D 饮水与河流运输各自独立

5. 您认为广州的非洲人在多大程度上融入了当地人的生活？（　　）

A 大大融入了当地人的生活　　B 是否融入了当地人的生活

C 对于当地人生活的融入度　　D 能否被当地人当作一家人

6. 以前是"崇洋媚外"，现在发现原来老外不一定比中国人强。（　　）

A 尊重外国　　B 害怕外国　　C 崇拜外国　　D 嫉妒外国

7. 一直以来社会上一些人喜欢贴标签。（　　）

A 给货品贴上写有品名、价格等信息的纸片

B 盲目地对人和事物进行片面概括

C 根据自己的理解给人起外号

D 对别人进行负面评价

8. 中国被越来越多的外国人视为淘金之地。（　　）

A 寻找金子的地方　　B 输钱的地方

C 做生意的地方　　D 获得财富的地方

四、选择与句中加点词语意思相同的一个，并说明其他三个的意思。

1. 你挣你的钱，我挣我的钱，"井水不犯河水"，和平共存，这是广州的传统。（　　）

A 人不犯我，我不犯人；人若犯我，我必犯人。

B 在食堂吃得不好，老胃病又犯了。

C 新中国成立后，接管和关押日本侵华战犯 1109 名。

D 一点儿小事，犯得着生这么大气吗？

2. 您认为广州的非洲人在多大程度上融入了当地人的生活？ （　　）

A 1997 年金融危机让他们来到中国。

B 春天来了，冰雪消融，万物复苏。

C 过年时一大家子在一起吃团圆饭其乐融融。

D 高空的白云和周围的山峰清晰地倒映在水中，湖水天影融为一体。

3. 非洲人想要真正融入广州当地人的生活还需要时间。 （　　）

A 近日，一名男子当街殴打一名女性。

B 当年，爷爷为了生计远走他乡，三十年后才回来。

C 学校应当减轻学生的课业负担，积极开展素质教育。

D 自古以来，中国人结婚就讲究门当户对。

五、关于广州为何成为亚洲最大的非洲人聚集地的原因，课文列举了四点，请进行概括，填写在下面横线处。

1.______ 原因：______________________________

2.______ 原因：______________________________

3.______ 原因：______________________________

4.______ 原因：______________________________

六、分组讨论。

随着全球化的发展，移民已成为世界各国不得不面对的课题。你们国家存在大量外来移民涌入的现象吗？请谈谈你的观点。

泛读篇

北漂二十年

阅读要求：813字，阅读时间12分钟，答题时间15分钟。

导 读

二十年前，他选择留在了中国。二十年后，他在北京拥有了自己的事业和幸福的家庭，心满意足。他是怎么一步一步走过来的？他靠什么闯出了自己的一片天地？今天，让我们一起走进英国人江森海的生活。

读前准备

1. 在外国人眼里，下列事物中哪些最能体现北京的魅力？为什么？

长城	北京话	三里屯	南锣鼓巷
烤鸭	稻香村	炸酱面	故宫

2. 你觉得外国人在中国就业，从事哪些工作比较有优势？为什么？

课 文

1 “我觉得生活在中国，非常完美。我有自己的房子，有四个女儿，有自己的公司，有很多特别好的北京哥们儿，很自由，我觉得这是北京给我带来的生活，我很感谢北京。”江森海认真地说。

2 1993年，英国青年江森海来到北京，登长城，游颐和园，钱花光了，就开始找工作。“没想到会留在北京二十年，我当时没什么计划，就想玩得好，自由点儿。”当时的北京，几乎没什么“洋北漂”，外国人很吃香，机会很多，“好多人要我去教英语”。

3 后来，江森海学会了中文和一些北京话，认识了一些好朋友，开始了解身边的历史和文化，慢慢地就喜欢上了北京。“以前，就知道鼓楼东大街有座很高的楼，有特别陡的楼梯，里面有个台球厅，一小时一块五毛钱，一瓶啤酒八毛钱；后来才知道，这是鼓楼，在中国的历史上很重要。”

4 2003 年，江森海认识了加拿大女孩、现在的妻子劳拉，搬进了南锣鼓巷，并租了一个店面开始做生意。“我不敢说我的 T 恤就能代表北京，但它代表了一种外国人看待中国的眼光。”江森海说，很多东西中国人已经习以为常，像样板戏、年画、痰盂、门牌号、地铁票、办证电话号码等，但在老外眼中，这些都是很有意思、很复古、很新鲜的玩意儿。

5 “2006 年，*THE BEIJINGER* 杂志评选当年最酷的东西，其中有我的公司。之后没多久，我的月营业额就达到了六万多元。”在胡同里搞模特走秀，找居委会的阿姨在店铺门口跳秧歌……江森海在南锣鼓巷搞得风生水起。慢慢地，这个在北京混得如鱼得水的老外引起了媒体的兴趣，接受媒体采访、到高校演讲、上电视做节目……江森海成了北京乃至中国的一位知名老外。

6 现在江森海最头疼的是孩子的教育。江森海的大女儿已经上初中了，在班上是“学霸”，功课门门都考 90 多分，相当于英国教育中的 A，但周末一家人出去玩的时候，她老想着回家做作业，这让江森海很生气。“我对女儿说，其实你功课得 B 就可以了，不用这么想着做作业，要放松、自由。我不要我的孩子有压力，不要她们回家后有三个小时的作业，周末上各种班。我希望女儿们健康成长，做自己喜欢的事。”

（改自《中国经济周刊》，作者肖翊）

生　词

北漂 běipiāo	哥们儿 gēmenr	吃香 chīxiāng	陡 dǒu
台球 táiqiú	样板戏 yàngbǎnxì	痰盂 tányú	复古 fùgǔ
营业额 yíngyè'é	走秀 zǒuxiù	秧歌 yāngge	功课 gōngkè

读后练习

一、回答问题。

1. 江森海的家庭状况怎样？

2. 江森海在北京的什么地方开店？
3. 江森海出名以后做过哪些事情？

二、判断正误。

1. 第一次来北京，江森海是来学汉语的。（ ）
2. 钱花光以后，江森海成了一个“北漂”。（ ）
3. 1993 年的时候，外国人在北京找工作不太容易。（ ）
4. 一到北京江森海就喜欢上了这座城市。（ ）
5. 江森海把他的 T 恤店开在了北京的胡同里。（ ）
6. 他在他卖的 T 恤上印上了很多中国古代的玩意儿。（ ）
7. 事业的成功引起了媒体对他的关注。（ ）
8. 江森海对女儿每门课都考 90 多分很生气。（ ）

三、选择加点词语的正确解释。

1. 外国人很吃香。（ ）

A 有口福　　B 受欢迎
C 有地位　　D 很有钱

2. 很多东西中国人已经习以为常。（ ）

A 常常练习，非常熟悉　　B 经常做而不感兴趣了
C 经常做而成了习惯　　D 经常接触而不觉得奇怪

3. 这些都是很有意思、很复古、很新鲜的玩意儿。（ ）

A 东西　　B 玩具
C 古玩　　D 意思

4. 2006 年，*THE BEIJINGER* 杂志评选当年最酷的东西。（ ）

A 冷酷　　B 冰冷
C 有个性　　D 奇怪

5. 江森海在南锣鼓巷搞得风生水起。（ ）

A 很有生气　　B 刮起了大风
C 引起了混乱　　D 引发了大火

6. 这个在北京混得如鱼得水的老外引起了媒体的兴趣。（　　）

A 比喻发展得很快　　B 比喻生活得很自由

C 比喻很受欢迎　　D 比喻很适应环境

7. 江森海成了北京乃至中国的一位知名老外。（　　）

A 于是　　B 甚至

C 即使　　D 而且

8. 江森海的大女儿已经上初中了，在班上是“学霸”。（　　）

A 学生中的霸王　　B 擅长学习且成绩好的学生

C 脾气最厉害的学生　　D 学习成绩优秀的班干部

四、根据列出的释义写出课文里出现的成语，然后用它们填空。

A 形容遇到的人跟自己很投合或所处的环境对自己很合适。＿＿＿＿＿

B 常做某事或常见某种现象，成了习惯，就觉得很平常了。＿＿＿＿＿

C 风从水面吹过，水面掀起波澜。形容事情做得有生气，蓬勃兴旺。＿＿＿＿＿

填空：

1. 他上班天天迟到，我们已经＿＿＿＿＿了。

2. 小王对网络十分精通，到了百度公司后＿＿＿＿＿，很快就升为了部门主管。

3. 在政府的大力支持下，互联网经济搞得＿＿＿＿＿，成为中国经济增长的新动力。

读报篇

中国推新政吸引国际人才

阅读要求：579字，阅读时间8分钟，答题时间12分钟。

核心提示：中国是国际人口比例很低的国家，仅为0.06%。为改变这种局面、吸引国外优秀人才，日前公安部推出了支持北京创新发展的20项出入境政策措施，在诸多方面放宽了外国人在华工作的限制。

13日下午，中国与全球化智库主任王辉耀在向记者介绍刚出台的20项出入境政策措施时说："世界各国的国际人口的平均比例为2.3%，发达国家一般在10%左右，发展中国家1.6%，印度0.4%，而我国却只有0.06%，很可能是世界上国际人口比例最低的国家。"

为吸引国外优秀人才，公安部于12日推出支持北京创新发展20项出入境政策措施，措施涉及外国人签证办理、出境入境、停留居留等多个方面，于2016年3月1日实施。王辉耀表示："这些措施力度非常大，比如公安部将在中关村设立外国人永久居留服务窗口，相当于申请中国'绿卡'的受理中心。其实这一直是我们的薄弱环节，从2003年到现在中国一共才发放了不到1万张'绿卡'，平均每年才几百张，网点不够就是原因之一。"

新措施还为外国毕业生在京就业提供了更大的便利。王辉耀解释说："以前，刚毕业的外国留学生不允许直接在华工作，必须具备国外两年工作经验。这大大限制了想在华求职的外籍人士。很多外教，因为没有居留许可，结果成了'黑人'。而现在，只要有企业的实习邀请或者毕业高校出具的推荐信，在京外国毕业生就可以在华合法工作。"

"中国人才流动的壁垒一直很高。"王辉耀强调说。他告诉记者，加拿大每流失 1 个人才到美国，就会补充 4 个，而我国的高层次人才却只出不进，在美国留学的理工科博士回国的只有不到 15%。好在现在中国政府已经认识到了这个问题，这些新措施的实施对于吸引国际高层次人才是非常有利的。

（改自人民网）

读后练习

一、填空。

1. 世界各国的国际人口的平均比例为________，________国家一般在 10% 左右，________国家 1.6%，印度 0.4%，而我国却只有________。

2. 为________国外优秀人才，公安部于 12 日________支持北京创新发展 20 项出入境政策措施，措施________外国人签证办理、出境入境、停留居留等多个方面，于 2016 年 3 月 1 日________。

3. 加拿大每流失________人才到美国，就会补充________，而我国的高层次人才却只出不进，在美国留学的理工科博士回国的只有不到________。

二、选择加点词语的正确解释。

1. 这些措施力度非常大。（　　）

A 音响的强度　　B 功力的深度

C 力量强弱、大小的程度　　D 效果

2. 其实这一直是我们的薄弱环节。（　　）

A 短板　　B 矛盾

C 错误　　D 难点

3. 平均每年才几百张，网点不够就是原因之一。　（　　）

A 上网地点　　B 网络点击量

C 办理业务的地点　　D 网络管理中心

4. 很多外教，因为没有居留许可，结果成了“黑人”。　（　　）

A 没有合法身份的人　　B 黑种人

C 违法犯罪的人　　D 不受欢迎的人

5. 中国人才流动的壁垒一直很高。　（　　）

A 界限　　B 支撑物

C 墙壁　　D 隔壁

6. 而我国的高层次人才却只出不进。　（　　）

A 只出口不进口　　B 只出国不回国

C 只出境不入境　　D 只流出不流进

三、根据课文内容，选择正确答案。

1. 关于世界各国的国际人口比例，课文里没有提到的是：　（　　）

A 世界各国的国际人口比例的平均值是 2.3%

B 发达国家国际人口平均比例高于发展中国家

C 中国的国际人口比例在发展中国家中是最低的

D 中国和印度的国际人口比例都低于发展中国家的平均水平

2. 关于公安部推出的 20 项出入境政策措施，不涉及的方面是：　（　　）

A 外国人签证办理　　B 外国人出境入境

C 外国人停留居留　　D 外国人入中国籍

3. 关于外国人在京找工作，与课文不符的是：　（　　）

A 以前，外国留学生毕业后不能直接留京工作

B 现在，外国人在京工作不再有限制

C 有些外教在华工作是不合法的

D 这些措施让外国毕业生留京工作大大方便了

4. 关于人才流动，课文里没有提到的是：　（　　）

A 加拿大引进的人才比流失的多

B 美国的人才流动是只进不出

C 中国的人才流失很严重

D 留美的中国理工科博士回国率很低

四、以《如何吸引外国人才》为题，写一篇200字左右的短文。

文言篇

孙姓一家

阅读要求：45字，阅读时间5分钟，答题时间10分钟。

- **孙姓家当冬日夜长，父母子女同集一室，父母为子女讲故事，子女皆乐听之。及时钟十下，乃各就寝。**
- **孫姓家當冬日夜長，父母子女同集一室，父母爲子女講故事，子女皆樂聽之。及時鐘十下，乃各就寢。**

一、选择加点词的正确解释。

1. 集	A 聚集	B 收集
2. 皆	A 还；也	B 都；全
3. 及	A 位于	B 等到
4. 乃	A 于是	B 从此
5. 就寝	A 休息	B 睡觉

二、选择正确答案。

1. 关于这家人的父母，与课文不符的是：（　　）

A 他们有不止一个孩子

B 他们和孩子住在同一个房间

C 他们常给孩子讲故事

D 他们十点睡觉

2. 关于这家人的子女，与课文不符的是：（　　）

A 他们都姓孙

B 他们那里的冬天很长

C 他们喜欢听父母讲故事

D 他们的睡觉时间很有规律

三、将繁体字与相应的简体字连起来。

孫　　當　　爲　　講　　樂　　聽　　鐘

当　　为　　孙　　听　　钟　　乐　　讲

四、将课文译成白话文。

单元练习

一、朗读词组或小句，注意词语的用法。

1. 相比于
～过去
～其他人
～发达国家
～传统方式

2. 性
必然～
偶然～
紧迫～
普遍～

3. 讲究
～方法
～打扮
～效率
～细节

4. 接连
～三天
～死亡
～发生
～出现

5. 多大程度上
个人努力在～决定命运
身份在～可以定义一个人
化妆在～能提升相貌
猿的情感～与人类相似

6. 作为
～医生，救死扶伤是我的职责
～一名大学生，要有社会责任感
王老师～教师代表上台发言
～首都，北京每年吸引大量游客

7. 在……眼中
～老百姓～，他是位好市长
～儿子～，她是位伟大的母亲
～一般人～，马云是位成功的商人
～老外～，胡同代表了北京文化

8. 环节
薄弱～
销售～
生产～
减少中间～

9. 只……不……
～出～进
～说～做
～表扬～批评
～打雷～下雨

10. 好在
钱包丢了，～里面钱不多
出车祸了，～没有人受伤
外面下雨了，～我带了雨伞
去机场迟到了，～飞机还没起飞

二、选字填空。

处	融	朝	崇	摘
漂	登	评	上	项

1. 北京、上海和深圳被____为中国最有经济活力的三座城市。
2. ____于青春期的青少年心理特别敏感，家长要给予更多的关心。
3. 有些人____洋思想非常严重，总觉得什么东西都是外国的好。
4. ____着心中目标前进的人，整个世界都会为他让路。
5. 对那些在北京____了很久的人来说，拥有一套自己的房子是他们最大的梦想。
6. 我邻居的女儿成了全国知名的女演员，最近经常____各种电视节目。
7. 由谷歌公司发明的这____技术将会大大改变我们的生活。
8. 1969 年 7 月 21 日，美国宇航员实现了人类首次____上月球的梦想。
9. 经过多年的努力，我们家乡终于____掉了贫困落后的“穷帽子”。
10. 如何尽快____入新的环境，是每一个大学毕业生要考虑的问题。

三、选词填空。

包容	融合	偶然	恰巧	实用
代表	吃香	提供	限制	实施

1. 在目前的就业市场上，精通互联网技术的人才非常________。
2. 昨天他来公司找我的时候，我________在开会。
3. 长时间玩网络游戏不利于青少年的身心健康，家长应进行________。
4. 新政策的________，为中小企业营造了良好的发展环境。
5. 真正的朋友能够________你的缺点，并不断给你鼓励。
6. 春节联欢晚会将歌唱、舞蹈等艺术形式________在一起，很受观众的喜爱。
7. 这款家具看上去美观，但并不________。
8. 任何人的成功都不是________的，而是不断付出的结果。
9. 今天我________全体毕业生在这里发言，感到十分荣幸。
10. 为消费者________优质的产品和服务，一直是我们公司的发展目标。

四、近义词填空。

1. A 完善　B 完备　C 完美　D 完整

（1）我们不应该苛求别人做任何事情都________无缺。
（2）老师给我的资料相当________，很有参考价值。
（3）我们怀着好奇的心情走进这间功能________的多媒体教室。
（4）教研组经过反复开会讨论，终于制定比较________的教学计划。

2. A 心态　B 心情　C 心理　D 心意

（1）随着社会的发展，人们的________健康问题日益受到重视。
（2）面对已经公布出来的考试成绩，同学们________各异。
（3）压力巨大的时候，我常常用听音乐的方式来放松________。
（4）老师，这是我们全班同学送您的一点________，请您收下。

3. A 流失　B 损失　C 丧失　D 丢失

（1）尽管这次比赛输了，但不要________信心，争取下次战胜对手。
（2）下车的乘客请带好自己的行李物品，以免________。
（3）这次大火烧毁了多座房屋以及十几辆汽车，________惨重。
（4）为防止人才________，公司提高了部分员工的薪酬和待遇。

4. A 截至　B 乃至　C 以至　D 至于

（1）他的发明，引起了全国________国际上的重视。
（2）儿子累极了，________于坐下就睡着了。
（3）在路边摊吃饭肯定便宜，________干不干净，就难说了。
（4）________8 月底，该公司股东户数为 13386 户。

5. A 习以为常　B 家常便饭　C 人之常情　D 老生常谈

（1）父母疼爱孩子是________，但不能因此而娇惯溺爱。
（2）在我的公司，下班后常常还要继续工作，加班成了________。
（3）食品安全是个________的话题，今天我们就来讨论一下。
（4）手机支付在前些年还是很新奇的事，如今人们已经________了。

HSK 拓展训练

一、选出有语病的一项。

1. A 一个国家举办奥运会，不全是为了挣钱，也是为了展示自己的经济实力。
B 别人批评我们时，别急于喊冤或推卸责任，而应该反思自己的不足并改正。
C 鸡蛋中含有丰富的蛋白质及维生素，且易携带，很适合旅行者食用。
D 运动不仅健体，对人们保持心理健康也有帮助，对治疗抑郁尤其显著效果。

2. A 唐三彩经过艺人们的精心制作，呈现出了各种深浅不同的色彩。
B 真正的朋友是不会因为对方曾经直接自己的缺点而斤斤计较的。
C 趁着年轻的时候去旅行，越早迈出这一步，你就能越早认识自己。
D 预计今天傍晚至夜间，本市南部将有暴雨，雨量将达到 60 毫米以上。

二、选词填空。

1. 眼睛是最灵敏的感官，却______得出人意料。______它的大部分体积受到头颅的保护，而且由骨腔构成并有脂肪填塞的眼窝也能______不太猛烈的冲击，但是眼睛张开时，它的整个表面大约有 1/10 的面积与空气之间并没有任何______。

A 薄弱　虽然　承担　保护
B 弱小　不但　忍受　保障
C 软弱　即使　负担　障碍
D 脆弱　尽管　承受　屏障

2. 现实生活中，许多人受面子的______，不愿意透露自己的真实______，唯恐自己的弱点让别人知晓而有损自己的形象。殊不知，______地暴露自己，不仅不会损坏你的形象，______能快速缩短彼此的心理距离，使你更容易被人喜欢和接受。

A 驱赶　消息　恰到好处　而且
B 迫使　情况　不多不少　相反
C 驱使　信息　恰如其分　反而
D 影响　想法　毫无保留　进而

三、选句填空。

中国是丝绸的故乡，产生了很多与丝绸相关的艺术，（1）＿＿＿＿＿＿＿＿＿。从事刺绣的多为女子，所以刺绣又被称为“女红”。刺绣在中国有数千年的历史，受到人们广泛的喜爱。它不仅可用来装饰衣物，如在衣服、被子、枕头上绣上美丽的图案，（2）＿＿＿＿＿＿＿＿＿。

中国有“四大名绣”，即苏州的苏绣、广东的粤绣、湖南的湘绣以及四川的蜀绣，（3）＿＿＿＿＿＿＿＿＿，所选择的内容也有不同。历史上有“苏绣猫，湘绣虎”的说法。粤绣擅长绣鸟类，（4）＿＿＿＿＿＿＿＿＿，而蜀绣则擅长绣山水人物。

在这其中，苏绣最负盛名。上世纪初，苏绣名手沈云芝的作品《意大利皇后爱丽娜像》，曾作为皇家礼物赠送给意大利，受到了极高评价。

苏绣主要产生于苏州一带，也包括扬州、无锡、常州等地的刺绣。苏州一带盛产丝绸，民风又以细腻著称，苏绣因而大盛，有以针作画、巧夺天工的美名。近千年来，苏州一带从事刺绣的人很多，几乎女子长大了，个个都会刺绣，（5）＿＿＿＿＿＿＿＿＿。据说苏州的高超艺人绣一双猫眼，要用二十多种颜色的丝线，千缠万绕，从而突出炯炯有神的目光。

A 以“百鸟朝凤”最有名

B 也可制作成特别的饰品

C 有“家家养蚕，户户刺绣”的说法

D 刺绣就是其中的一种

E 各种绣法不仅风格有差异

词汇总表

（序号为单元数，不带 * 的词出自精读课文，带 * 的词出自泛读课文）

B			
白话文	báihuàwén	（名）	11
扮	bàn	（动）	8*
褒贬	bāobiǎn	（动）	6
包容	bāoróng	（动）	12
保障	bǎozhàng	（动）	2
报考	bàokǎo	（动）	7
鲍鱼	bàoyú	（名）	1*
北漂	běipiāo	（名）	12*
奔波	bēnbō	（动）	5*
本色	běnsè	（名）	9*
本身	běnshēn	（代）	1
逼	bī	（动）	5
笔画	bǐhuà	（名）	3
毕竟	bìjìng	（副）	3
必然	bìrán	（形）	12
编排	biānpái	（动）	9*
变故	biàngù	（名）	5*
飙	biāo	（动）	11*
标签	biāoqiān	（名）	12
表达	biǎodá	（动）	1
别字	biézì	（名）	6*
C			
财富	cáifù	（名）	2*
菜肴	càiyáo	（名）	1*
残	cán	（形）	11
残酷	cánkù	（形）	2
层次	céngcì	（名）	12
差异	chāyì	（名）	12
拆穿	chāichuān	（动）	5*
产业	chǎnyè	（名）	10
超级	chāojí	（形）	5
潮流	cháoliú	（名）	8
彻底	chèdǐ	（形）	11*
陈规	chénguī	（名）	10
沉迷	chénmí	（动）	6
沉溺	chénnì	（动）	8*
承受	chéngshòu	（动）	7
诚信	chéngxìn	（名）	4*
吃香	chīxiāng	（形）	12*
迟钝	chídùn	（形）	1
持续	chíxù	（动）	7
充斥	chōngchì	（动）	6*
冲动	chōngdòng	（形）	4
筹	chóu	（动）	5*
踌躇	chóuchú	（动）	8*
瞅	chǒu	（动）	3*
除夕	chúxī	（名）	9*
厨艺	chúyì	（名）	1
触犯	chùfàn	（动）	10
穿针引线	chuānzhēn-yǐnxiàn	（成）	9
传唱	chuánchàng	（动）	11
传阅	chuányuè	（动）	7*
创意	chuàngyì	（名）	6*
创作	chuàngzuò	（动）	11
刺激	cìjī	（动）	1
从属	cóngshǔ	（动）	11
促销	cùxiāo	（动）	4*
篡改	cuàngǎi	（动）	6*
D			
打扮	dǎban	（动）	10*
打量	dǎliang	（动）	10*

单调	dāndiào	（形）	7*
胆怯	dǎnqiè	（形）	10*
淡定	dàndìng	（形）	5
淡然	dànrán	（形）	2*
诞生	dànshēng	（动）	11
导致	dǎozhì	（动）	1
盗	dào	（动）	10
灯谜	dēngmí	（名）	9
低俗	dīsú	（形）	6
的确	díquè	（副）	10
抵	dǐ	（动）	4
底蕴	dǐyùn	（名）	9
叠	dié	（动）	3*
顶级	dǐngjí	（形）	9*
冬菇	dōnggū	（名）	1*
冬笋	dōngsǔn	（名）	1*
栋	dòng	（量）	10*
陡	dǒu	（形）	12*
短缺	duǎnquē	（动）	2
对照	duìzhào	（动）	9
多元	duōyuán	（形）	10
夺	duó	（动）	2*

E

愕然	èrán	（形）	2*
噩梦	èmèng	（名）	7

F

番	fān	（量）	3
繁荣	fánróng	（形）	4*
烦琐	fánsuǒ	（形）	3
反倒	fǎndào	（副）	3
反思	fǎnsī	（动）	4
反映	fǎnyìng	（动）	11
范例	fànlì	（名）	9*
匪夷所思	fěiyísuǒsī	（成）	3
废除	fèichú	（动）	10
分享	fēnxiǎng	（动）	7
封	fēng	（动）	1*
封闭	fēngbì	（动）	8*
疯狂	fēngkuáng	（形）	10*
丰裕	fēngyù	（形）	9
缝	féng	（动）	9
复古	fùgǔ	（形）	12*

G

干贝	gānbèi	（名）	1*
尴尬	gāngà	（形）	9
高见	gāojiàn	（名）	10
哥们儿	gēmenr	（名）	12*
鸽子	gēzi	（名）	1*
隔	gé	（动）	10*
隔壁	gébì	（名）	1*
更新	gēngxīn	（动）	6
功课	gōngkè	（名）	12*
拱手	gǒngshǒu	（动）	4*
构成	gòuchéng	（动）	3
孤舟	gūzhōu	（名）	8*
鼓掌	gǔzhǎng	（动）	8
雇	gù	（动）	4*
关键	guānjiàn	（名）	7
关注	guānzhù	（动）	5
广泛	guǎngfàn	（形）	11
广义	guǎngyì	（名）	9*
规范	guīfàn	（形）	6
鬼怪	guǐguài	（名）	3*

H

海参	hǎishēn	（名）	1*
豪放	háofàng	（形）	8
豪华	háohuá	（形）	2*
荷包	hébāo	（名）	9
荷叶	héyè	（名）	1*
和谐	héxié	（形）	9*
喝彩	hècǎi	（动）	6
横向	héngxiàng	（形）	7
呼吁	hūyù	（动）	6*
还债	huánzhài	（动）	5*
患	huàn	（动）	5*
回避	huíbì	（动）	7
汇	huì	（动）	5
汇聚	huìjù	（动）	5
昏暗	hūn'àn	（形）	7*
婚俗	hūnsú	（名）	1*
婚姻	hūnyīn	（名）	4*
混乱	hùnluàn	（形）	6*

混战	hùnzhàn	（动）	10

J

积蓄	jīxù	（名）	2*
嫉妒	jídù	（动）	7
极限	jíxiàn	（名）	10*
寄托	jìtuō	（动）	3
艰苦	jiānkǔ	（形）	7*
检验	jiǎnyàn	（动）	6
检疫	jiǎnyì	（动）	10
奖励	jiǎnglì	（动）	4
绞尽脑汁	jiǎojìn-nǎozhī	（成）	9*
阶级	jiējí	（名）	2
接连	jiēlián	（副）	12
截然	jiérán	（副）	11
节奏	jiézòu	（名）	1
解读	jiědú	（动）	7
借助	jièzhù	（动）	2*
金融	jīnróng	（名）	12
进度	jìndù	（名）	7
精明	jīngmíng	（形）	9
精英	jīngyīng	（名）	5*
境地	jìngdì	（名）	9
竞争	jìngzhēng	（动）	2
纠结	jiūjié	（形）	2
就餐	jiùcān	（动）	1
举措	jǔcuò	（名）	8
沮丧	jǔsàng	（形）	4
举止	jǔzhǐ	（名）	8
巨大	jùdà	（形）	1
聚集	jùjí	（动）	12
眷属	juànshǔ	（名）	5*
绝症	juézhèng	（名）	5*

K

壳	ké	（名）	9
恐慌	kǒnghuāng	（形）	7
恐惧	kǒngjù	（形）	1
控制	kòngzhì	（动）	4
枯	kū	（形）	11
狂热	kuángrè	（形）	4
困境	kùnjìng	（名）	4

L

浪潮	làngcháo	（名）	9
捞	lāo	（动）	7*
唠叨	láodao	（动）	5
理智	lǐzhì	（形）	4
荔枝	lìzhī	（名）	10
利润	lìrùn	（名）	1
联欢	liánhuān	（动）	9*
链	liàn	（名）	10
辽阔	liáokuò	（形）	8*
邻里	línlǐ	（名）	7*
凌晨	língchén	（名）	9*
陋习	lòuxí	（名）	10
炉灶	lúzào	（名）	1*
伦理	lúnlǐ	（名）	10
落榜	luòbǎng	（动）	2*

M

蚂蚁	mǎyǐ	（名）	4*
漫骂	mànmà	（动）	6
蔓延	mànyán	（动）	11*
忙活	mánghuo	（动）	7*
冒充	màochōng	（动）	3
媒介	méijiè	（名）	6
媒体	méitǐ	（名）	10*
美妙	měimiào	（形）	2*
魅力	mèilì	（名）	9
朦胧	ménglóng	（形）	11*
猛	měng	（形）	5
蜜	mì	（名）	11
面孔	miànkǒng	（名）	7
面子	miànzi	（名）	7
渺茫	miǎománg	（形）	11*
庙会	miàohuì	（名）	9
民意	mínyì	（名）	10
模糊	móhu	（形）	8
模拟	mónǐ	（动）	6
谋生	móushēng	（动）	2
目睹	mùdǔ	（动）	11*
暮色	mùsè	（名）	11

N

男权	nánquán	（名）	11
内核	nèihé	（名）	9

内疚	nèijiù	（形）	4
拈	niān	（动）	3
扭曲	niǔqū	（动）	6

O

偶然	ǒurán	（形）	12

P

拍摄	pāishè	（动）	11*
徘徊	páihuái	（动）	7
排他	páitā	（动）	9
攀比	pānbǐ	（动）	7
盘算	pánsuan	（动）	3
判定	pàndìng	（动）	6
抛弃	pāoqì	（动）	5*
赔偿	péicháng	（动）	5*
烹制	pēngzhì	（动）	1*
屁股	pìgu	（名）	3*
譬如	pìrú	（动）	3*
漂泊	piāobó	（动）	8*
飘荡	piāodàng	（动）	8*
漂洋过海	piāoyáng-guòhǎi	（成）	9
频繁	pínfán	（形）	4
评价	píngjià	（动）	8
评选	píngxuǎn	（动）	11
魄力	pòlì	（名）	2
迫于	pòyú	（动）	5*
普遍	pǔbiàn	（形）	3
谱曲	pǔqǔ	（动）	11

Q

期盼	qīpàn	（动）	9
七夕	qīxī	（名）	9
欺诈	qīzhà	（动）	4*
启事	qǐshì	（名）	10*
起源	qǐyuán	（动）	1*
恰恰	qiàqià	（副）	9
恰巧	qiàqiǎo	（副）	12
牵	qiān	（动）	8*
侨民	qiáomín	（名）	12
侵入	qīnrù	（动）	6
勤奋	qínfèn	（形）	7*
倾听	qīngtīng	（动）	8*
趋	qū	（动）	9
趋同	qūtóng	（动）	9
驱蚊	qūwén	（动）	6*
区域	qūyù	（名）	12
权威	quánwēi	（形）	8
缺陷	quēxiàn	（名）	8*

R

惹祸	rěhuò	（动）	3*
热爱	rè'ài	（动）	2
热衷	rèzhōng	（动）	4
忍受	rěnshòu	（动）	2
认可	rènkě	（动）	11
认同	rèntóng	（动）	9
任意	rènyì	（形）	8
融合	rónghé	（动）	12
容纳	róngnà	（动）	7*
容忍	róngrěn	（动）	10*
容许	róngxǔ	（动）	4

S

塞	sāi	（动）	1*
煞	shà	（副）	3
擅长	shàncháng	（动）	2
上火	shànghuǒ	（动）	10
奢侈	shēchǐ	（形）	2
身份	shēnfèn	（名）	4*
绅士	shēnshì	（名）	8
审判	shěnpàn	（动）	5
生辰八字	shēngchén bāzì	（名）	3
声讨	shēngtǎo	（动）	5
声响	shēngxiǎng	（名）	2*
生涯	shēngyá	（名）	7*
盛行	shèngxíng	（动）	8
食材	shícái	（名）	1
实况	shíkuàng	（名）	9*
实用	shíyòng	（形）	12
始终	shǐzhōng	（副）	3*
试卷	shìjuàn	（名）	7
视线	shìxiàn	（名）	8
试行	shìxíng	（动）	8
饰演	shìyǎn	（动）	11*
收视率	shōushìlǜ	（名）	9*
收养	shōuyǎng	（动）	10*

受访者	shòufǎngzhě		1
寿命	shòumìng	（名）	6
书稿	shūgǎo	（名）	2
书籍	shūjí	（名）	7*
淑女	shūnǚ	（名）	8
束缚	shùfù	（动）	8
睡眠	shuìmián	（名）	7
顺应	shùnyìng	（动）	8
厮混	sīhùn	（动）	10*
似乎	sìhū	（副）	2
肆意	sìyì	（副）	6
寺院	sìyuàn	（名）	1*
肃穆	sùmù	（形）	10*
塑造	sùzào	（动）	4
素质	sùzhì	（名）	10
随机	suíjī	（形）	1
缩写	suōxiě	（名）	6
琐碎	suǒsuì	（形）	2
所谓	suǒwèi	（形）	5

T

台球	táiqiú	（名）	12*
坛	tán	（名）	1*
痰盂	tányú	（名）	12*
坦言	tǎnyán	（动）	11*
炭	tàn	（名）	1*
探讨	tàntǎo	（动）	4*
逃避	táobì	（动）	8*
讨伐	tǎofá	（动）	5
腾	téng	（动）	2
腾飞	téngfēi	（动）	3*
蹄	tí	（名）	1*
提倡	tíchàng	（动）	8
条凳	tiáodèng	（名）	7*
调侃	tiáokǎn	（动）	5
调味品	tiáowèipǐn	（名）	1
通婚	tōnghūn	（动）	12
通商	tōngshāng	（动）	12
通行	tōngxíng	（动）	11
偷懒	tōulǎn	（动）	6*
推广	tuīguǎng	（动）	11
推算	tuīsuàn	（动）	3
臀	tún	（名）	3*
托儿	tuōr	（名）	4*

W

外籍	wàijí	（名）	1
汪洋	wāngyáng	（名）	8*
旺	wàng	（形）	3
煨	wēi	（动）	1*
微风	wēifēng	（名）	11
危机	wēijī	（名）	12
危险	wēixiǎn	（形）	4
味觉	wèijué	（名）	1
蜗居	wōjū	（动）	7*
无奈	wúnài	（动）	5
五行	wǔxíng	（名）	3
悟	wù	（动）	2*
误导	wùdǎo	（动）	6*

X

犀利	xīlì	（形）	10*
霞	xiá	（名）	11
狭小	xiáxiǎo	（形）	7*
掀	xiān	（动）	1*
鲜明	xiānmíng	（形）	9
嫌弃	xiánqì	（动）	3*
贤淑	xiánshū	（形）	8
限制	xiànzhì	（动）	4
相生相克	xiāngshēng-xiāngkè	（成）	3
享受	xiǎngshòu	（动）	2
项	xiàng	（量）	1
象征	xiàngzhēng	（名）	3*
消费	xiāofèi	（动）	1
潇洒	xiāosǎ	（形）	4*
销售	xiāoshòu	（动）	2
孝	xiào	（动）	5
效率	xiàolǜ	（名）	6
谐音	xiéyīn	（名）	6*
亵渎	xièdú	（动）	6*
心灵	xīnlíng	（名）	7
心酸	xīnsuān	（形）	5
心态	xīntài	（名）	12
兴起	xīngqǐ	（动）	6
虚荣心	xūróngxīn	（名）	7

学子	xuézǐ	（名）	7

Y

压制	yāzhì	（动）	11
言论	yánlùn	（名）	3
炎炎	yányán	（形）	10
演变	yǎnbiàn	（动）	5
燕子	yànzi	（名）	11
秧歌	yāngge	（名）	12*
阳刚	yánggāng	（形）	8
养家糊口	yǎngjiā-húkǒu	（成）	2
养生	yǎngshēng	（动）	10
样板戏	yàngbǎnxì	（名）	12*
野蛮	yěmán	（形）	10
野性	yěxìng	（名）	10*
疑惑	yíhuò	（动）	6*
意识	yìshi	（名）	8
意味着	yìwèizhe	（动）	2
异域	yìyù	（名）	12
抑制	yìzhì	（动）	3
音响	yīnxiǎng	（名）	2*
吟	yín	（动）	1*
隐藏	yǐncáng	（动）	4
饮食	yǐnshí	（名）	1
引诱	yǐnyòu	（动）	4*
营养	yíngyǎng	（名）	1
营业额	yíngyè'é	（名）	12*
营造	yíngzào	（动）	8
应酬	yìngchou	（名）	2*
勇气	yǒngqì	（名）	3*
踊跃	yǒngyuè	（形）	4*
忧虑	yōulǜ	（动）	6
诱惑	yòuhuò	（动）	4
诱人	yòurén	（形）	1*
欲望	yùwàng	（名）	4
跃	yuè	（动）	8*
乐器	yuèqì	（名）	2*
云集	yúnjí	（动）	9*
蕴含	yùnhán	（动）	9

Z

遭遇	zāoyù	（名）	10*
长辈	zhǎngbèi	（名）	3
招待	zhāodài	（动）	2*
针锋相对	zhēnfēng-xiāngduì	（成）	10
镇	zhèn	（名）	5*
争议	zhēngyì	（动）	6
直率	zhíshuài	（形）	6
指数	zhǐshù	（名）	2
指责	zhǐzé	（动）	4
制造	zhìzào	（动）	4*
忠	zhōng	（形）	3
忠诚	zhōngchéng	（形）	10
种族	zhǒngzú	（名）	12
众口难调	zhòngkǒu-nántiáo	（成）	9*
众矢之的	zhòngshǐzhīdì	（成）	5*
周旋	zhōuxuán	（动）	11*
肘	zhǒu	（名）	1*
逐	zhú	（介）	10*
装备	zhuāngbèi	（名）	4
追溯	zhuīsù	（动）	9*
资格	zīgé	（名）	2
咨询	zīxún	（动）	4
资源	zīyuán	（名）	2
综合	zōnghé	（动）	2
综艺	zōngyì	（名）	9*
纵容	zòngróng	（动）	10
纵向	zòngxiàng	（形）	7
走秀	zǒuxiù	（动）	12*
琢磨	zuómo	（动）	11

参考答案

第 1 单元　饮食

精读篇　越来越重的口味

语言点

一、1. 则生龙活虎　2. 则要快得多　3. 则会进展得比较顺利　4. 则可能会遇到阻力

二、1. 酸甜苦辣咸

　　2.（1）薪水　（2）兴趣　（3）前途

　　3.（1）经济不景气　（2）眼高手低　（3）好吃懒做

读后练习

一、1. C　2. B　3. A　4. D　5. D

二、1. A　2. C　3. A　4. D　5. A　6. C　7. D　8. C

三、1. D　2. B　3. D　4. D　5. B　6. A

四、1. C

　　A 名词。老年人。

　　B 形容词。（食物）加工超过适当的火候。

　　C 副词。经常；总是。

　　D 形容词。陈旧的；过时的。

　2. D

　　A 副词。表示在某种条件下自然发生某种结果（常跟“如果”“只要”“既然”搭配）。

　　B 动词。菜蔬或果品等搭配着主食或酒吃。

　　C 介词。表示动作的对象或话题的范围。

　　D 动词。开始做某事。

　3. A

　　A 动词。表示使下文所说的目的容易实现，相当于“可以”“便于”。

　　B 副词。表示程度深（多含感叹语气）。

　　C 形容词。表示不满的语气。

　　D 形容词。表示容易。

五、1. 为了获得酒水的巨大利润，餐馆尽量往菜里多放盐。

　2. 不管是哪种味道，吃多了都会腻，只能靠加重味道来解决。

　3. 由于生活节奏快、压力大，人们的味觉变得迟钝，于是追求更加刺激的味道。

　4. 调味品越来越丰富，人们即使厨艺不高，也能做出味道不错的食物。

　5. “重口味、轻营养”的饮食习惯，使人们很容易忽视营养，而更重视味道。

六、略

泛读篇　细说佛跳墙

一、1. 福州。

　　2. 鲍鱼、海参、鸡、鸭、猪蹄、羊肘、火腿、鸽子蛋、冬笋、冬菇、白萝卜、干贝等。

　　3. 三种。

二、1. √　2. ×　3. ×　4. √　5. ×　6. ×　7. √　8. √

三、1. A　2. B　3. C　4. D　5. C　6. C

四、6　2　1　5　4　3

五、坛起荤香飘四邻，佛闻弃禅跳墙来。

　　1. B　2. D　3. C

读报篇　中国人食用油和食盐摄入量超标

一、1. 80%　2. 20～30 克　3. 5 克　2～3 克　4. 15%　900 万人

二、1. B　2. A　3. D　4. A　5. B　6. C

三、1. C　2. B　3. D

四、略

文言篇　笔

一、1. B　2. A　3. B　4. A　5. A

二、1. A　2. B

三、筆（笔）　爲（为）　執（执）　寫（写）

四、毛笔是用羊毛制成的，它的杆是用竹子或木头制作的，手握笔杆写字。

单元练习

一、略

二、1. 封　2. 俱　3. 超　4. 近　5. 跳　6. 塞　7. 宜　8. 达　9. 掀　10. 端

三、1. 导致　2. 公布　3. 利润　4. 数据　5. 随机　6. 危害　7. 节奏　8. 讲究　9. 显示　10. 刺激

四、1.（1）D　（2）A　（3）C　（4）B

　　2.（1）C　（2）A　（3）D　（4）B

　　3.（1）D　（2）B　（3）C　（4）A

　　4.（1）C　（2）B　（3）A　（4）D

　　5.（1）C　（2）A　（3）B　（4）D

HSK 拓展训练

一、1. C　语序错误。主语“你”应放在句首，在副词“才”之前。正确的说法是：只有多听多说，你才能学好汉语。

　　2. A　语法错误。形容词“热情”可以作谓语，前边加“很”，不用“是”。正确的说法是：当地的人们都很热情，给我留下了深刻的印象。

二、1. D　2. B

三、（1）D　（2）B　（3）E　（4）A　（5）C

第 2 单元　职业

精读篇　该不该选择自己喜欢的职业

语言点

一、1. 违反交通规则　2. 速度　质量　3. 第三局了　4. 你自己

二、1. 告别单身生活　2. 自己要养活自己　3. 实现自我价值　4. 就业的增长

读后练习

一、1. B　2. A　3. A　4. D　5. A

二、1. B　2. C　3. A　4. A　5. C　6. D　7. B　8. D

三、1. A　2. D　3. D　4. C　5. D　6. B

四、1. C

A 名词。脚或鞋袜的后部。

B 介词。引进比较的对象。

C 介词。引进动作的对象。

D 动词。紧随在后面向同一方向行动。

2. D 。

A 列位：人称代词。诸位；各位。

B 名词。类。

C 量词。用于成行列的事物。

D 动词。排列；按次序站立或排放。

3. A 。

A 动词。空出来。

B 动词。上升。

C 动词。用在某些动词后，表示动作反复延续。

D 沸腾：动词。指液体达到一定温度时急剧转化成气体，产生大量气泡。

五、1. 为（B）　2. 糊（E）3. 高（C）　4. 道（A）　5. 强（D）

六、略

泛读篇　乐迷的梦想

一、1. 音乐。

2. 做生意。

3. 萨克斯、钢琴。

二、1. √　2. ×　3. ×　4. ×　5. √　6. ×　7. √　8. ×

三、1. D　2. C　3. C　4. B　5. A　6. B　7. A　8. C

四、2　6　3　5　4　1

五、略

读报篇　制止就业性别歧视新规出台

一、1.《北京市人力资源市场条例》　2. 歧视女性　罚款　3. 女员工　一定比例
　4. 就业平等

二、1. A　2. B　3. D　4. A　5. A　6. B

三、1. B　2. A　3. C

四、略

文言篇　二鸟

一、1. A　2. B　3. A　4. A　5. A

二、1. C　2. B

三、懸（悬）　籠（笼）　鳥（鸟）　畫（画）　鳴（鸣）

四、屋檐下挂着竹笼，笼子里有两只鸟：一只叫画眉，一只叫百舌，都是擅长鸣叫的鸟。

单元练习

一、略

二、1. 打　2. 列　3. 如　4. 供　5. 碰　6. 夺　7. 把　8. 腾　9. 悟　10. 圆

三、1. 歧视　2. 短缺　3. 擅长　4. 竞争　5. 意味　6. 琐碎　7. 应酬　8. 落榜　9. 积蓄　10. 资格

四、1.（1）B　（2）C　（3）A　（4）D
　2.（1）B　（2）C　（3）A　（4）D
　3.（1）B　（2）D　（3）A　（4）C
　4.（1）B　（2）D　（3）A　（4）C
　5.（1）A　（2）C　（3）D　（4）B

HSK 拓展训练

一、1. A　关联词语使用错误。“不是……，就是……”表示选择，这里应该用表示判断的“不是……，而是……”。正确的说法是：蝙蝠其实不是鸟，而是一种会飞的哺乳类动物。

　2. B　语序错误。副词“到处”应放在副词“都”之前。正确的说法是：这是一个周末的夜晚，餐厅里到处都坐满了顾客。

二、1. A　2. B

三、（1）C　（2）D　（3）B　（4）E　（5）A

第 3 单元　名字

精读篇　中国人的取名文化

语言点

一、1. 误了登机　2. 打扰他人　3. 迷路　4. 家里人担心

二、1. 是外国人　2. 开销大　3. 实现了　4. 是你做得不对

读后练习

一、1. A 2. C 3. D 4. D 5. A

二、1. A 2. C 3. D 4. A 5. A 6. D 7. C 8. A

三、1. A 2. D 3. B 4. C 5. A 6. C

四、1. B

A“动词 + 不过”，表示比较，表示在某一行为方面前者不如后者。

B 副词。表示不超过某一范围，相当于“仅”“只”。

C“再 + 形容词 + 不过了”表示程度最高。

D 连词。用在复句后一分句开头，表示轻微转折。

2. C

A 动词。（数量）成倍地增加。

B 动词。翻译。

C 动词。为了寻找而移动上下物体的位置。

D 动词。上下或内外交换位置。

3. D

A 动词。“倒”做补语，表示人或竖立的东西横躺下来。

B 动词。转换。

C 动词。翻转或倾斜容器，使所盛的东西出来。

D 副词。表示跟意料相反。

五、1. 用五行相生相克推算人的命运，然后取名字。

2. 寄托着对孩子的希望和祝福。

3. 翻出词典，找个字典里意思吉祥且笔画又多又烦琐的字作名字，反倒显得没文化。

4. 信手拈来，写一个很简单的十个人有九个都认识的字当名字，看似没文化，其实很有文化。

六、略

泛读篇　人名趣闻

一、1. 普通词汇用作人名，比如：文章、高兴、毕竟、腾飞。

2. 朱军。与著名主持人同名。

3. 一种小名用叠字；另一种小名是丑名。

二、1. × 2. × 3. √ 4. × 5. × 6. √ 7. √ 8. ×

三、1. B 2. D 3. C 4. C 5. C 6. B

四、1. D 2. A 3. C

读报篇　李、王、张为中国三大姓氏

一、1. 22000 个　13000 多个

2. 李　王　张　7.9%　7.4%　7.1%

3. 2.7 亿

二、1. D 2. C 3. A 4. D 5. C 6. B

三、1. C 2. C 3. A 4. B

四、略

文言篇　年几何

一、1. B　2. A　3. A　4. A　5. A

二、1. C　2. C

三、兒（儿）　歲（岁）　時（时）　問（问）　幾（几）

四、有一个孩子的弟弟六岁，那个孩子的弟弟出生时，他正好三岁，问这个孩子年纪多大？

单元练习

一、略

二、1. 旷　2. 犯　3. 居　4. 惹　5. 搞　6. 为　7. 瞅　8. 据　9. 似　10. 拈

三、1. 盘算　2. 冒充　3. 寄托　4. 譬如　5. 毕竟　6. 始终　7. 象征　8. 嫌弃　9. 烦琐　10. 吉祥

四、1.（1）A　（2）D　（3）C　（4）B

　　2.（1）A　（2）D　（3）C　（4）B

　　3.（1）D　（2）C　（3）B　（4）A

　　4.（1）D　（2）C　（3）B　（4）A

　　5.（1）B　（2）C　（3）A　（4）D

HSK 拓展训练

一、1. B　不合逻辑。违反了事件发生的先后顺序，应为先动摇后退缩。正确的说法是：面对困难和挫折，我们可能会动摇，也可能会退缩。

　　2. B　近义词使用偏误。“明年”与“今年”相对，表示具体时间。这里应该用表示先后序列的“第二年”。正确的说法是：从十月初开始一直持续到第二年四月份。

二、1. C　2. D

三、（1）D　（2）B　（3）C　（4）E　（5）A

第 4 单元　消费

精读篇　购物的欲望

语言点

一、1. 闻名　2. 成立　3. 忙　4. 高　5. 出

二、1. 伤心　2. 频繁　3. 放松　4. 计较

读后练习

一、1. A　2. D　3. B　4. A　5. D

二、1. D　2. B　3. A　4. D　5. A　6. D　7. B　8. C

三、1. C　2. B　3. A　4. B　5. A　6. D

四、1. A

A 动词。用在动词性短语（或介词短语）与动词（或动词性短语）之间，表示前者是方法、态度，后者是目的。

B 名词。表示从过去到说话时为止的一段时间。

C 助词。用于“一”“二”“三”等数词后面，列举理由、事实等。

D 来日方长：未来的日子还很长，表示事有可为，或劝人不必急于做某事。来：未来的。

2. D

A 助词。跟“为”或“被”合用，构成“为 / 被……所 + 动词”，表示被动。

B 名词。用作某些机关或机构的名称。

C 量词。用于学校、房屋等。

D 助词。书面语，用在动词前面，跟动词组成名词性短语。

3. A

A 动词。置身在（某个地方、时期或场合）。

B 动词。交往。

C 名词。地方；处所。

D 动词。处罚。

五、1. 记录下购买的物品、价格以及购物前后的心情变化。

2. 停止一切消费两三周，不去商场或超市。

3. 购物时准备一张详细的购物清单。

4. 给自己制定每个月容许冲动购物的上限，让自己从购买的物品中得到充分的乐趣。

5. 咨询心理专家。

六、略

泛读篇 “托儿”

一、1. “托儿”本来是北京方言，最初指的是商店或路边小摊儿雇上一个或几个人，假装成顾客，做出种种姿态，引诱真正的顾客买东西。

2. “布托儿”“鞋托儿”“医托儿”“饭托儿”“学托儿”“房托儿”“话托儿”“婚托儿”。

3. 陈晓是婚姻介绍所的老板。小凤是陈晓的爱人，也是“婚托儿”。于春是一位征婚者，谎称富商。

二、1. × 2. × 3. √ 4. √ 5. × 6. √ 7. √ 8. ×

三、1. D 2. B 3. A 4. D 5. B 6. A

四、1. C 2. A 3. C 4. D

读报篇 77 岁老人晒“国庆账单”

一、1. 1958 年 开销

2. 6 毛钱 20 多元 32 倍

3. 2 分钱 8 分钱 4. 5 万元 6 万

二、1. D 2. A 3. D 4. B 5. B 6. A

三、1. B 2. B 3. A 4. C

四、略

文言篇　鸟生雏

一、1. A　2. B　3. A　4. A　5. A

二、1. 鸟（生雏）　羊（生羔）　牛（生犊）

　　2. 雏者（鸟之子也）　羔者（羊之子也）　犊者（牛之子也）

三、鳥（鸟）　雛（雏）　犢（犊）

四、鸟生雏，羊生羔，牛生犊。所以雏是鸟的孩子，羔是羊的孩子，犊是牛的孩子。

单元练习

一、略

二、1. 晒　2. 赔　3. 涨　4. 剩　5. 踏　6. 翻　7. 贪　8. 抵　9. 雇　10. 指

三、1. 控制　2. 踊跃　3. 热衷　4. 开销　5. 资助　6. 咨询　7. 奖励　8. 繁荣　9. 吸引　10. 促销

四、1.（1）C　（2）A　（3）D　（4）B

　　2.（1）D　（2）B　（3）C　（4）A

　　3.（1）C　（2）B　（3）D　（4）A

　　4.（1）D　（2）B　（3）C　（4）A

　　5.（1）C　（2）D　（3）B　（4）A

HSK 拓展训练

一、1. C　动词使用错误。"属于"表示归某人或某方面所有，此题主语"婺源"与宾语"詹天佑的家"不是领属关系，应该用"是"。正确的说法是：婺源是中国铁路之父詹天佑的家乡。

　　2. D　近义词使用偏误。"当作"多用于"把"字句，表示看成的意思，如"你就把这里当作自己的家吧，千万别客气"。这里应该用"作为"，"作为"用于句首，表示就人的某一身份来说。正确的说法是：作为一名翻译，不仅要学好外语，还要学好本民族语言，二者缺一不可。

二、1. B　2. C

三、（1）D　（2）B　（3）A　（4）E　（5）C

第 5 单元　婚恋

精读篇　中国式逼婚

语言点

一、1. 机体对未来的预感　2. 大龄未婚女青年　3. 蔬菜　4. 自己给自己的

二、1. A　2. B　3. A　4. B

读后练习

一、1. A　2. D　3. D　4. A　5. C

二、1. C　2. A　3. D　4. B　5. A　6. C　7. B　8. D

三、1. C　2. A　3. D　4. B　5. B　6. A　7. D　8. A

四、1. A

A 量词。表示次数，用于吃饭、打骂、批评等。

B 副词。忽然；立刻。

C 动词。说话过程中，短时间停一下。

D 动词。用脚跺地。捶胸顿足：用拳头打胸部，用脚跺地，形容非常焦急、懊丧或极度悲痛的样子。也说顿足捶胸。

2. D

A 动词。改变；改换。

B 量词。古代夜间计时单位，一夜分五更。

C 少不更事：人年纪轻，经历的事情不多，缺少经验。更：经历；经过。

D 副词。更加；愈加。

3. C

A 副词。互相，表示不同方面彼此以同样的方式对待另一方，多用于书面语。

B 名词。人的样子、姿态。

C 动词。亲自看。

D 名词。人的外貌、相貌。吉人自有天相：好人会有上天保佑，多用于遭遇危险或困难时的安慰语。也说吉人天相。

五、1. 在中国人的传统观念里，不结婚就等于“不正常”，结了婚不生孩子则被视为“不孝”。

2. 一个人的婚事受到整个家庭的关注，无论什么节日，单身青年都会被家人逼交友、逼恋爱、逼结婚。

3. 婚恋成了整个社会的话题，各种场合都会谈论到婚姻话题。

六、略

泛读篇　有情人终成眷属

一、1. 楚笑笑、孙翌伟、佟洁。

2. 龙门古镇。楚笑笑。

3. 家庭发生变故。

二、1. √　2. ×　3. √　4. √　5. ×　6. ×　7. √　8. ×

三、1. A　2. B　3. D　4. B　5. A　6. D

四、1. C　2. D　3. A

读报篇　全国离婚率持续上升

一、1. 267. 8 万　363. 7 万

2. 350 万　12. 8%

3. 2.5 万　4000　5

二、1. A　2. C　3. B　4. D　5. A　6. A

三、1. D　2. B　3. C　4. D

四、略

文言篇　鸡

一、1. A　2. B　3. A　4. A　5. A

二、1. C　2. B

三、雞（鸡）　從（从）　覓（觅）　樂（乐）　過（过）　奮（奋）

四、一只鸡在田边行走，不慌不忙地寻找着食物，非常开心。忽然飞过一只鹰，它迅疾地飞下来，一爪抓住鸡飞走了。

单元练习

一、略

二、1. 追　2. 伴　3. 挂　4. 呈　5. 俱　6. 患　7. 视　8. 集　9. 逾　10. 汇

三、1. 赔偿　2. 无奈　3. 唠叨　4. 关注　5. 似乎　6. 抛弃　7. 临近　8. 汇聚　9. 奔波　10. 精英

四、1.（1）C　（2）A　（3）D　（4）B

　　2.（1）A　（2）B　（3）C　（4）D

　　3.（1）B　（2）D　（3）C　（4）A

　　4.（1）B　（2）C　（3）A　（4）D

　　5.（1）D　（2）B　（3）A　（4）C

HSK 拓展训练

一、1. C　语序偏误。“多”放在动词后表示结果，如“吃多了”“菜点多了”。此句表示建议，“多”应放在动词前。正确的说法是：我们应该多吃水果，多吃蔬菜，多喝水。

　　2. B　逻辑偏误。“能否”表示选择，包括肯定和否定两个方面，只有“有效控制饮食”才能“保持苗条的身材”，应去掉“能否”。正确的说法是：有效控制饮食，可以让我们保持苗条的身材。

二、1. A　2. C

三、（1）D　（2）C　（3）E　（4）A　（5）B

第 6 单元　语言

精读篇　网络语言

语言点

一、1. 是否努力　2. 是否能做到少吃多运动　3. 是否拥有优秀人才　4. 父母的教育

二、1. 从而获得了大量有用信息

　　2. 从而受到了有关部门的处罚

　　3. 从而取得了很好的票房成绩

　　4. 从而受到了消费者的青睐

读后练习

一、1. B　2. B　3. A　4. B　5. C

二、1. C　2. D　3. A　4. C　5. D　6. B　7. B　8. D

三、1. C　2. A　3. D　4. B　5. A　6. A

四、1. C

A 贫穷：形容词。生活贫困；缺少钱财。

B 穷凶极恶：形容极端残暴凶恶。穷：极为。

C 动词。尽；完。无穷无尽：没有穷尽；没有限度。

D 形容词。贫困；缺少钱财。

2. D

A 副词。表示勉强达到一定数量或某种程度。

B 副词。将要。

C 将功折罪：拿功劳补偿过失。将：拿。折：抵偿。

D 介词。把。

3. C

A 一事无成：连一件事情也没有做成，指在事业上没有任何成就。成：完成；成功。

B 动词。生物生长到定型、成熟的阶段。

C 成年累月：形容历时长久。成：表示达到一定数量的。

D 动词 + 成："成"作结果补语，表示成为。

五、1. 语言学家：网络语言需要经过时间的检验，在此之前，我们要严格地将它与规范的语言区别开。

2. 社会学学者：网络语言不能简单地判定是好是坏，它更新很快，会自生自灭。

3. 中学语文教师：不文明的网络语言污染网络语言环境，对学生有不良影响，老师和家长应该重视。

六、略

泛读篇　广告中的成语误用

一、1. 伦。

2. 追求广告效果，吸引消费者的"眼球"。

3. 亵渎传统文化，误导孩子。

二、1. ×　2. ×　3. √　4. √　5. ×　6. √　7. √　8. √

三、1. B　2. B　3. C　4. D　5. B　6. A　7. C　8. C

四、1. 刻不容缓　2. 默默无闻　3. 随心所欲　4. 无与伦比

读报篇　2016 年度汉字出炉

一、1. 刷　2. 取代　地位　3. 汉语盘点　规矩　4. 反映　金

二、1. D　2. D　3. B　4. A　5. C　6. B

三、1. A　2. C　3. D　4. B

文言篇　长子

一、1. A　2. B　3. B　4. A　5. B

二、1. C　2. A

三、張（张）　與（与）　長（长）　遠（远）　歸（归）　馳（驰）
四、一个姓张的人与他的大儿子出远门，有一天他们回到了家，他的小儿子看到他们，跑着告诉他的母亲说：“我的爸爸和哥哥回来了。”

单元练习

一、略
二、1. 颇　2. 刷　3. 自　4. 缓　5. 若　6. 始　7. 长　8. 改　9. 爽　10. 挥
三、1. 效率　2. 褒贬　3. 亵渎　4. 误导　5. 充斥　6. 直率　7. 呼吁　8. 更新　9. 规范　10. 意外
四、1.（1）C　（2）D　（3）B　（4）A
　　2.（1）B　（2）A　（3）C　（4）D
　　3.（1）C　（2）A　（3）D　（4）B
　　4.（1）A　（2）C　（3）B　（4）D
　　5.（1）D　（2）A　（3）B　（4）C

HSK 拓展训练

一、1. C　逻辑错误。可以删除“的秘诀”，用“如何讲好故事”做“懂得”的宾语；也可以删除“如何”，用定中短语“讲好故事的秘诀”做“懂得”的宾语。正确的说法是：通过阅读这篇文章，让我懂得了如何讲好故事。/ 通过阅读这篇文章，让我懂得了讲好故事的秘诀。

2. B　“取决于”的主语，一般是问句形式或包含两个对立意义的词。正确的说法是：蚊子喜不喜欢咬你，主要取决于人体新陈代新、皮肤细菌等因素。

二、1. C　2. D
三、（1）C　（2）B　（3）E　（4）D　（5）A

第 7 单元　升学

精读篇　考研问题心理解读

语言点

一、1. 孩子都会游泳　2. 老朋友都认不出他来了　3. 老师都不认识　4. 下了有半米深
二、1. 自我介绍　2. 自我管理　3. 自我否定　4. 自我调节

读后练习

一、1. C　2. C　3. D　4. B　5. A
二、1. B　2. B　3. D　4. C　5. C　6. B　7. C　8. D
三、1. D　2. A　3. D　4. D　5. D　6. A　7. A　8. C
四、1. A

A 动词。算得上；可以看作。

B 动词。计划；谋划。“人算不如天算”是说办事情有时最终的结果会与预期的相违，因此为人做事要顺其自然。

C 算了：不再计较；不再要求；罢了。

D 总算：副词。表示经过相当长时间或很大的努力，某种愿望才很不容易地实现。

2. B

A 动词。对别人的言语、行动做出响应。

B 动词。报名参加。

C 报销：把领用款项或收支账目列清单并附上有关单据，报告主管部门核销。

D 报仇：对于伤害过自己的人进行报复、打击。“冤冤相报何时了”，指做事不要做绝，须留有余地。

3. C

A 转弯：人、车行进时改变方向，这里指做事有变通。

B 动词。转动；旋转。

C 动词。（情况、思想、感情等）发生变化。

D 转发：把收到的信息继续发送出去。

五、1. 产生嫉妒心，可以通过回避的方式来解决。

2. 产生虚荣心，不要过分注意别人的看法，要根据自己的水平，报考力所能及的院校。

3. 产生自我否定，要相信自己有能力改变现状。

六、略

泛读篇　陪读

一、1. 昏暗狭小。

2. 亲密无间。

3. 母亲或者祖母。

二、1. ×　2. √　3. ×　4. √　5. √　6. ×　7. ×　8. ×

三、1. A　2. B　3. A　4. D　5. B　6. A

四、1. B　2. A　3. D

读报篇　多地高考报名人数下降

一、1. 1050 万　十年　2. 912 万　939 万　942 万　3. 70%　74. 3%

二、1. D　2. B　3. C　4. A　5. A　6. A

三、1. B　2. C　3. C　4. B

四、略

文言篇　犬

一、1. B　2. A　3. A　4. B　5. B

二、1. B　2. A

三、兒（儿）　銅（铜）　頸（颈）　繫（系）　鐫（镌）

四、一个小孩儿在家里养了一条狗，在狗的脖子上挂了一块铜牌，牌子上刻着狗的名字“黄小”。孩子一叫“黄小”，狗就摇着尾过来。

单元练习

一、略

二、1. 争　2. 误　3. 捞　4. 据　5. 均　6. 以　7. 落　8. 配　9. 拍　10. 煮

三、1. 徘徊　2. 容纳　3. 延续　4. 欣慰　5. 针对　6. 分享　7. 回避　8. 关键　9. 嫉妒　10. 趋势

四、1.（1）A　（2）D　（3）C　（4）B

2.（1）C　（2）D　（3）B　（4）A

3.（1）C　（2）A　（3）B　（4）D

4.（1）A　（2）D　（3）B　（4）C

5.（1）D　（2）B　（3）A　（4）C

HSK 拓展训练

一、1. C　语法错误。“经过”是介词，后面应该连接名词性短语，“发展了 30 多年”是动宾短语。正确的说法是：改革开放以后，经过 30 多年的发展，中国经济取得了很大成就。

2. B　重复。“到处”与“哪里”重复了，二者选择一个即可。正确的说法是：奥运期间，北京城到处都是志愿者的身影。/ 奥运期间，北京城哪里都是志愿者的身影。

二、1. C　2. A

三、（1）C　（2）B　（3）D　（4）A　（5）E

第 8 单元　儿童

精读篇　男女有别，切勿忽视

语言点

一、1. 信任　2. 大规模调查　3. 顾客的需求　4. 公司决定不再投资房地产

二、1. 要哭了　2. 都不能走路了　3. 太神奇了　4. 顶俩

读后练习

一、1. C　2. D　3. C　4. C　5. A

二、1. B　2. D　3. A　4. C　5. A　6. D　7. B　8. B

三、1. B　2. C　3. B　4. A　5. D　6. A　7. D　8. A

四、1. B

A 副词。用在重叠动词之间，表示动作是尝试性的、时间很短的。

B 形容词。表示相同的。

C 副词。与“就”配合，表示两个动作紧接着发生。

D 一心一意：表示专心。

2. A

A 动词。表示负责某项工作或任务。

B 介词。在“管……叫……”格式中相当于“把”，用于口语。

C 介词。意为“向”，用于口语。

D “不管……都……”表示在任何情况下，事情发生任何变化，结果、结论都不变。

3. D

A 用在动词后，作补语，表示超出某一限度。

B 动词。度过。

C 动词。通过。

D 副词。表示超过了适当的限度。

五、1. 学校教育忽视性别差异，一是教学方式适合女生；一是男教师少，女教师多。

2. 家庭中缺乏性别榜样，父亲淡出了孩子的视线，主要由母亲负责孩子的学习和生活。

3. 流行文化带来性别模糊，时下盛行的选秀潮流中，出现了男孩女性化或中性化、女孩男性化的现象。

六、略

泛读篇　电影《海洋天堂》

一、1. 王心诚、大福、玲玲。

2. 22 岁。孤独症。

3. 47 岁。癌症晚期。

二、1. ×　2. ×　3. √　4. ×　5. √　6. ×　7. ×　8. ×

三、1. D　2. B　3. A　4. A　5. B　6. C　7. C　8. C

四、1. D　2. A　3. B

读报篇　世界自闭症关注日：关爱自闭症儿童

一、1. 2008 年　世界自闭症关注日　2. 20 分钟　110 个　3. 1%　1000 万　200 万

二、1. C　2. A　3. B　4. D　5. A　6. B

三、1. D　2. D　3. D　4. A

四、略

文言篇　两蚁

一、1. A　2. A　3. B　4. A　5. B

二、1. B　2. C

三、兩（两）　蟻（蚁）　幾（几）　與（与）　處（处）

四、两只蚂蚁在柑橘表面，一只向左爬，一只向右爬，各自向前直行。没过多久，向右爬行的蚂蚁与向左爬行的蚂蚁在同一地方相遇。

单元练习

一、略

二、1. 惜　2. 含　3. 牵　4. 且　5. 鼓　6. 顿　7. 扮　8. 依　9. 以　10. 跃

三、1. 评价　2. 发挥　3. 逃避　4. 举措　5. 发布　6. 诞生　7. 忽视　8. 简直　9. 沉溺　10. 开展

四、1.（1）A　（2）C　（3）D　（4）B

2.（1）B　（2）C　（3）D　（4）A

3.（1）B　（2）D　（3）A　（4）C

4.（1）D （2）A （3）B （4）C
5.（1）B （2）D （3）A （4）C

HSK 拓展训练

一、1. C 重复。“无法忘记”和“难忘”语义相同，保留一个即可。正确的说法是：我很怀念在北京度过的那段难忘时光。/ 我很怀念在北京度过的那段无法忘记的时光。

2. B 成分缺失。“是”字判断句没有宾语。正确的说法是：对任何人而言，倾诉都不是一种有效的释放压力的办法。

二、1. A 2. C

三、（1）D （2）A （3）E （4）B （5）C

第 9 单元 节日

精读篇 如何保护传统节日

语言点

一、1. 没有精神 2. 很吃力 3. 很真诚 4. 冷清极了

二、1. 恰恰是我准备好的 2. 恰恰是自己 3. 可他恰恰因为生病而没来上课 4. 恰恰相反

读后练习

一、1. D 2. D 3. C 4. A 5. D

二、1. D 2. B 3. C 4. A 5. B 6. D 7. C 8. A

三、1. B 2. B 3. A 4. D 5. B 6. C 7. A 8. D

四、1. C

A 洋溢：动词。（情绪、气氛等）充分流露。

B 名词。海洋。“四大洋”指太平洋、大西洋、印度洋、北冰洋。

C 名词。洋指外国。

D 形容词。现代化的（区别于“土”）。

2. A

A 量词。用于江、河和某些长条形的东西。

B 名词。方法；道理。

C 名词。道路。

D 名词。技艺；技术。

3. C

A 助词。无实义。之所以：连词，同“所以”。

B 助词。表示一般的修饰关系。“在……之下”表示条件。

C 代词。代替人或事物。

D 助词。“之中”多用于书面语，表示“里”的意思。

五、猜灯谜（元宵节） 缝荷包（七夕节） 扫墓（清明节） 逛庙会（春节）

赛龙舟（端午节）　登山（重阳节）

六、略

泛读篇　春晚

一、1. 中央电视台春节联欢晚会。4 小时 10 分至 5 小时。

2. 收视率最高、播出时间最长、演员最多。

3. 和谐、团聚两大主题。

二、1. ×　2. ×　3. ×　4. √　5. ×　6. √　7. ×　8. √

三、1. B　2. B　3. C　4. B　5. C　6. A　7. D　8. B

四、1. C　2. B　3. C

读报篇　全国铁路客流持续高位运行

一、1. 758.1 万　372.7 万　49.2%

2. 加开　760　467　293

3. 购票　取票　提前办理　过于集中

二、1. C　2. A　3. B　4. B　5. D　6. A

三、1. B　2. B　3. B　4. A

四、略

文言篇　马车

一、1. A　2. B　3. A　4. A　5. A

二、1. B　2. A

三、馬（马）　車（车）　駕（驾）　兩（两）　輪（轮）　後（后）

四、马车有的把车套在一匹马上，有的套在两匹马上。马车的车轮有的是两个，有的是四个，四轮马车的车轮分为两大两小，小轮在前面，大轮在后面。

单元练习

一、略

二、1. 拒　2. 许　3. 创　4. 须　5. 跨　6. 推　7. 补　8. 趋　9. 洋　10. 及

三、1. 缓解　2. 期盼　3. 尽量　4. 维护　5. 蕴含　6. 追溯　7. 和谐　8. 尴尬　9. 范例　10. 认同

四、1.（1）C　（2）B　（3）A　（4）D

2.（1）A　（2）D　（3）B　（4）C

3.（1）C　（2）D　（3）B　（4）A

4.（1）D　（2）B　（3）A　（4）C

5.（1）B　（2）A　（3）D　（4）C

HSK 拓展训练

一、1. D　成分冗余。“虽然”后的分句“我在旅行社实习了一年的经验”，应去掉“的经验”，或者插入动词“有”，改为“虽然我有一年在旅行社实习的经验”。此句本质上是动宾搭配不当，

动词“实习”不能与宾语“经验”搭配。

2. B　关联词语使用不当，造成逻辑错误。“那么”表示顺着上文的语义申说或做出判断，而这里应该用“否则”，因为接下来的分句表示的是如果不能满足上文的条件，将出现的结果。正确的说法是：锻炼也要讲究方法和适量，否则只会适得其反，对身体造成伤害。

二、1. C　2. D

三、（1）B　（2）E　（3）A　（4）C　（5）D

第10单元　动物

精读篇　该不该吃狗肉

语言点

一、1. 天天如此　2. 希望如此　3. 尽管如此　4. 如此懒惰

二、1. 体质比较差　2. 她丈夫多么爱她　3. 汉语变得越来越受欢迎　4. 堵车现象十分严重

读后练习

一、1. D　2. C　3. A　4. C　5. D

二、1. D　2. C　3. A　4. B　5. C　6. C　7. A　8. C

三、1. B　2. A　3. D　4. D　5. B　6. C　7. C　8. A

四、1. C

A 动词。表示举例。

B 连词。如果。

C 如愿：动词。符合愿望。如：依照。

D 动词。如同。

2. A

A 形容词。时间久的；旧的。

B 专有名词。姓。

C 陈列：动词。把东西摆放出来供人看。陈：安放；摆设。

D 陈述：动词。有条有理地说出。陈：叙说。

3. C

A 名词。传统的具有权威性的著作。

B 动词。经营。

C 动词。经过。

D 经络：中医指人体内气血运行的通路。

五、1. 尊重生命；狗和人类情感密切；吃狗肉是陈规陋习；狗肉没有经过卫生检疫，有的狗是被毒杀的，食用有危险；动物保护是人类发展的潮流。

2. 吃猪肉、牛肉、鸡肉可以，吃狗肉也可以；吃狗肉是某些地区的习俗，应该尊重；吃狗肉不犯法；夏天吃狗肉有温补作用。

六、略

泛读篇　麻瓜

一、1. 一只黄色虎斑短尾猫。

　　2. 路边被丢弃的冻着、饿着的用无助的眼神看着我的小动物。

　　3. 都是从学校捡来的，身上有虎斑，行为模式一样。

二、1. ×　2. ×　3. √　4. ×　5. √　6. √　7. ×　8. ×

三、1. C　2. D　3. A　4. B　5. C　6. B　7. D　8. B

四、第 1 段（D）　第 2 段（C）　第 3 段（G）　第 4 段（B）

　　第 5 段（F）　第 6 段（A）　第 7 段（E）

读报篇　全球首对母女大熊猫野化放归

一、1. 15 时许　从容　害羞

　　2. 十三　106　四

　　3. 四个月　三四岁　外向　40

二、1. D　2. A　3. B　4. C　5. C　6. C

三、1. C　2. C　3. B　4. A

四、略

文言篇　芙蓉鸟

一、1. A　2. A　3. B　4. B　5. A

二、1. C　2. A

三、愛（爱）　閉（闭）　籠（笼）　適（适）　貓（猫）　惡（恶）

四、王生饲养了一只芙蓉鸟，这只鸟擅长鸣叫，他非常喜欢。一天王生忘了关闭鸟笼的门，恰巧有只猫在鸟笼旁，用爪子迅速将芙蓉鸟抓取。王生感叹道：“哎，多么可恶的猫啊！”

单元练习

一、略

二、1. 打　2. 混　3. 逐　4. 料　5. 盗　6. 亚　7. 言　8. 趁　9. 闻　10. 视

三、1. 触犯　2. 遭遇　3. 容忍　4. 从容　5. 趁机　6. 伦理　7. 忠诚　8. 犀利　9. 纵容　10. 废除

四、1.（1）C　（2）D　（3）A　（4）B

　　2.（1）A　（2）D　（3）B　（4）C

　　3.（1）B　（2）A　（3）C　（4）D

　　4.（1）D　（2）C　（3）A　（4）B

　　5.（1）A　（2）B　（3）D　（4）C

HSK 拓展训练

一、1. C　搭配不当。后一分句“（海洋垃圾）对海洋经济导致负面效应”动宾搭配不当，“负面效应”的动词应该用“给……带来”，应改为“给海洋经济带来负面效应”。

　　2. B　主谓搭配不当。后一分句的主语“它”指代《红楼梦》，应改为“它是中国四大名著之一”，“它”可省略。

二、1. A　2. C

三、（1）E　（2）C　（3）D　（4）B　（5）A

第11单元　女性

精读篇　汉字“她”的由来

语言点

一、1. 传播开来　2. 区分开来　3. 传递开来　4. 普及开来

二、1. 积累了多少经验　2. 精神上的充实　3. 稳定的心理素质　4. 打动顾客的心

读后练习

一、1. D　2. C　3. C　4. B　5. A

二、1. A　2. C　3. B　4. D　5. C　6. A　7. A　8. C

三、1. A　2. B　3. B　4. A　5. D　6. A　7. C　8. A

四、1. C

A 副词。只；仅仅。

B 名词。分项记载事物的纸片单据，如“名单”“账单”“购物清单”。

C 属性词。只有一个的（跟“双”相对），如“单人床”“单人间”。

D 单价：名词。商品的单位价格。

2. D

A 动词。（手指头、物体尖端）对着；向着。

B 动词。指点，如“指出正确的方向”。

C 动词。依靠，如“单指着父亲一个人养活全家”。

D 动词。意思上针对。

3. A

A 动词。发生；发挥。如“起风了”“起作用”“起疑心”。

B 动词。长出（疙瘩、痱子等）。

C 量词。件；次。如“这样的案子每年总有几起”“防止了一起事故”。

D 起薪：名词。起始工资，如“大学毕业生初入职场的起薪不高”。

五、略

泛读篇　电影《20、30、40》

一、1. 想想、Lily、小洁。刘若英、张艾嘉、李心洁。

2. 想想：空姐，正在恋爱；

Lily：花店老板，离婚；

小洁：无业，想要成为歌手，有一段同性间的朦胧情感。

3. 台北。

二、1. ×　2. ×　3. √　4. ×　5. ×　6. ×　7. √　8. ×